CATALOGUE

DES INCUNABLES

DE LA

BIBLIOTHÈQUE DE LA VILLE DE COLMAR

PARIS

CERCLE DE LA LIBRAIRIE, DE L'IMPRIMERIE

DE LA PAPETERIE, DU COMMERCE, DE LA MUSIQUE ET DES ESTAMPES

117, BOULEVARD SAINT-GERMAIN, 117

1895

CATALOGUE

DES INCUNABLES

DE LA

BIBLIOTHÈQUE DE LA VILLE DE COLMAR

PARIS

IMPRIMERIE D. DUMOULIN ET Cie

5, rue des Grands-Augustins, 5.

CATALOGUE

DES INCUNABLES

DE LA

BIBLIOTHÈQUE DE LA VILLE DE COLMAR

PARIS

CERCLE DE LA LIBRAIRIE, DE L'IMPRIMERIE

DE LA PAPETERIE, DU COMMERCE, DE LA MUSIQUE ET DES ESTAMPES

117, BOULEVARD SAINT-GERMAIN, 117

1895

AVANT-PROPOS

La Bibliothèque publique de Colmar a été formée en grande partie, à la fin du xviii⁰ siècle, par la réunion des bibliothèques des couvents de la région. Le voisinage des villes de Strasbourg et de Bâle, toutes deux remarquables au xv⁰ siècle par leur activité typographique et littéraire, avait sans doute influé sur les goûts et les travaux des religieux ; car on trouve dans les volumes conservés à Colmar une proportion plus grande d'incunables que dans la plupart des bibliothèques.

M. Hugot, bibliothécaire de la ville, écrivit, en 1853, une notice historique sur les provenances des volumes que renfermait la Bibliothèque ; plusieurs extraits de cette notice ont déjà été publiés, entre autres dans l'introduction du *Catalogue de la Collection Chauffour* léguée à la ville de Colmar, qui a été rédigé par le Conservateur actuel de la Bibliothèque, M. André Waltz ; mais il a paru intéressant de lui faire encore quelques emprunts, puisque les incunables cités ici proviennent des anciens fonds énumérés par M. Hugot.

« En 1853, les 34 489 imprimés de Colmar se composent, quant à leur provenance, savoir : 1º de 28 885 volumes provenant de l'ancien fonds, en y comprenant les livres reçus, en petit nombre, à la Bibliothèque de 1814 à 1839, par voie d'acquisition ou de donation ; 2º de 3 604 volumes donnés, depuis 1839, par le Gouvernement et par de simples particuliers ; 3º de 2 000 volumes acquis à partir de la même année 1839.

« L'ancien fonds provient, sauf quelques exceptions, des communautés religieuses supprimées en 1790 dans la Haute-Alsace. Malgré ce caractère d'une origine presque exclusivement ecclésiastique, la collection des imprimés de Colmar forme un ensemble très heureusement proportionné dans ses diverses parties. Toutes les grandes divisions bibliographiques s'y trouvent à peu près également représentées dans la juste mesure de leur importance relative. Cette sorte de symétrie, cette composition réellement encyclopédique tiennent vraisemblablement au rang très élevé qu'avaient occupé, tout à la fois dans le monde spirituel et dans le monde politique, les principaux fondateurs des anciennes bibliothèques les plus considérables de la Haute-Alsace : les abbés de Murbach et de Munster.

« Ces prélats, en effet, n'avaient pas seulement de simples communautés à diriger, des écoles à régir [1], des besoins spirituels à satisfaire chez leurs sujets [2] ; ils avaient encore à gouverner, comme seigneurs temporels, de vastes domaines dans lesquels ils exerçaient la plupart des droits régaliens. L'un d'eux même, l'abbé de Murbach, frappait monnaie et siégeait, en sa qualité de prince de l'empire, non seulement aux diètes de la province, mais aussi aux diètes générales de l'empire d'Allemagne.

« L'importance et la diversité des intérêts, des obligations que créait, qu'imposait une pareille condition, expliquent aisément la composition des bibliothèques fondées par les abbés de Murbach et de Munster ; et, si l'on ne peut être surpris de les voir réunir de nombreux ouvrages de théologie et d'histoire ecclésiastique, on ne peut s'étonner davantage de retrouver aujourd'hui encore, conservée à Colmar et provenant des mêmes lieux, une riche collection

---

1. On n'a que bien peu de traces de l'existence des écoles de Murbach. Il paraîtrait cependant qu'à une certaine époque, la jeunesse noble de l'Alsace venait y recevoir des leçons.
2. Les abbés de Murbach et de Munster étaient collateurs d'un grand nombre de cures.

de livres sur le droit public de l'Allemagne, sur la jurisprudence, sur les sciences physiques et mathématiques, sur l'histoire profane et ses branches accessoires, et même de voir l'abbé de Munster ne pas négliger de placer dans sa bibliothèque les œuvres des principaux réformateurs du xvi⁰ siècle [1].

« Des observations semblables peuvent, en partie, s'appliquer également aux comtes de Ribaupierre, dont la bibliothèque fut de même transportée à Colmar. Les seigneurs de cette illustre maison paraissent s'être, de bonne heure, distingués par un goût très vif pour les sciences et les lettres; ils accordaient leur patronage aux savants; dans leurs voyages, ils se faisaient suivre d'une bibliothèque choisie qui les accompagnait, et l'élégance seule de la reliure dont ils avaient soin de les faire revêtir, témoigne assez du prix qu'ils attachaient à leurs livres. Aussi un nombre assez considérable de raretés typographiques en fait d'incunables, d'ouvrages précieux sur les beaux-arts, sur l'art militaire, sur les voyages, les belles-lettres et particulièrement les œuvres des réformateurs du xvi⁰ siècle, que possède Colmar, proviennent-ils des comtes de Ribaupierre...

« Parmi les imprimés, que renferme la Bibliothèque de Colmar, se trouvent des raretés typographiques de premier ordre et 1 200 incunables, sortis des officines les plus célèbres de l'Allemagne, de la France, de la Hollande, de l'Italie et de la Suisse. Ces volumes sont, à fort peu d'exceptions près, d'une conservation irréprochable.

« ... En dehors de quelques volumes trouvés dans les archives de la ville [2], on ne rencontre à Colmar, avant 1791, aucune trace d'une collection de livres portant le caractère de propriété publique. La Bibliothèque commune qui existe aujourd'hui à Colmar doit donc exclusivement son origine à la suppression des communautés religieuses en France [pendant la Révolution], ainsi qu'aux confiscations de biens prononcées contre quelques émigrés et contre une société, la Tabagie littéraire, qui s'était formée dans cette ville en 1785.

« On ne peut entrer ici dans une analyse détaillée des mesures prises, à partir de 1790, par les directoires du département et des districts pour assurer la conservation des trésors littéraires qu'avaient possédés les communautés supprimées et les personnes frappées de confiscation. Il suffira de donner l'indication des lieux, des sources principales où furent puisées toutes ces richesses.

« *Abbaye de Murbach*[3], *de l'ordre de Saint-Benoît*. — La plus ancienne des bibliothèques ecclésiastiques de la Haute-Alsace était, en 1789, la propriété du chapitre équestral de Guebwiller, qui succédait à l'ancienne abbaye princière de Murbach, sécularisée en 1764. Dès le ix⁰ siècle, Murbach avait possédé un catalogue de ses livres; ce précieux monument de bibliographie et d'histoire littéraire existe encore aujourd'hui; l'original se trouve à Genève; la Bibliothèque de Colmar en possède une copie exécutée avec soin il y a quelques années. Dans la seconde moitié du xv⁰ siècle, en 1464, Barthélemy d'Andlau, abbé de Murbach, avait également fait dresser un catalogue des manuscrits que possédait son abbaye[4]; en 1739, Montfaucon en donnait l'énumération et les titres, et enfin Gerbert, le savant abbé de Saint-Blaise, en 1773, à une époque toute voisine de la suppression des ordres religieux, publiait quelques détails sur les manuscrits de Murbach, dont le nombre considérable le frappait d'admiration.

« Malheureusement, la Bibliothèque de l'ancienne et célèbre abbaye fut pillée à l'époque de la Révolution, avant que des mesures eussent été prises par le Directoire pour assurer sa translation à Colmar; et des manuscrits si nombreux que Gerbert, en 1760, avait encore vus à Murbach, il ne reste plus aujourd'hui à Colmar qu'une vingtaine environ; et même, sur ce nombre si restreint, sept ou huit volumes ont été attribués à Murbach par conjecture seulement, et par la raison qu'ils présentent avec les manuscrits de cette maison, revêtus d'un titre de propriété, quelque analogie dans la reliure ou quelque autre similitude extérieure.

« Quant aux imprimés de Murbach, soit que cette abbaye n'en ait possédé qu'une collec-

---

[1]. Ces réflexions ont été plus particulièrement suggérées par l'examen des livres provenant de l'abbaye de Munster, qui a fourni, comparativement à Murbach, un nombre beaucoup plus considérable de livres imprimés.
[2]. Parmi ces volumes était le très précieux Boccace, imprimé à Venise par Manfredus de Monteferrato, en 1498.
[3]. Il ne reste plus rien de Murbach que le chœur de son église. Sa fondation remontait au viii⁰ siècle.
[4]. Ce catalogue a été publié par M. Matter (Paris, Amyot, 1846, in-8).

tion moins importante que celle de ses manuscrits, soit qu'ils aient à peu près complètement disparu lors du pillage, ils ne sont plus aujourd'hui à Colmar qu'en fort petit nombre.

« *Abbaye de Munster, de l'ordre de Saint-Benoît*[1]. — L'abbaye de Munster paraît n'avoir possédé que peu de manuscrits; il n'en est pas de même des imprimés. Suivant une lettre écrite par l'un des commissaires chargés par le Directoire de recueillir dans le district de Colmar les richesses littéraires, passées nationalement dans le domaine de l'État, la bibliothèque de Munster était la plus riche de toutes celles du Haut-Rhin. Un grand nombre des ouvrages de prix des XVIIe et XVIIIe siècles, que possède Colmar, est effectivement tiré de cette abbaye; certaines classes de livres, même la numismatique, pour ne citer qu'un exemple, en proviennent à peu près exclusivement.

« *Abbaye de Lucelle, de l'ordre de Cîteaux*. — La Bibliothèque de Lucelle avait été vendue en bloc à des marchands de Bâle par l'autorité locale avant que des mesures eussent été prises pour son transfert à Colmar; ce qui en reste, en fait d'imprimés, se compose presque uniquement d'ouvrages de théologie imprimés avant 1500.

« *Préceptorie d'Isenheim (Antonistes)*. — La Bibliothèque d'Isenheim était vraisemblablement riche en manuscrits; elle le devait, en partie, à la libéralité d'un chapelain de Saint-Antoine de Bâle, Jean Brochard, qui, en 1469, sous le préceptoriat de Jean d'Orlier, fit don à la bibliothèque des Antonistes d'Isenheim d'un assez grand nombre de manuscrits; quelques autres volumes, manuscrits également, et une certaine quantité de volumes imprimés, appartenant à la même maison, proviennent de la bibliothèque du docteur Louis Ber de Bâle, érudit du XVIe siècle, qui est plusieurs fois mentionné dans la correspondance littéraire de Zarius[2].

« Les maisons ecclésiastiques suivantes : *Abbaye de Pairis* (ordre de Cîteaux), *Abbaye de Marbach* (chanoines réguliers de l'ordre de Saint-Augustin), *Dominicains de Guebwiller*, *Dominicains de Colmar*, *Récollets* ou *Frères mineurs de Rouffach*, *Collégiale de Colmar*, *Prieuré de Thierbach* (ordre de Cluny), *Capucins de Neuf-Brisach, de Belfort, de Blotzheim, d'Ensisheim et de Thann*, *Augustins de Colmar*, *Franciscains de Rouffach*, *Chevaliers de Saint-Jean* (Frères hospitaliers) *à Colmar*, qui ont fourni plus ou moins de livres à la Bibliothèque de Colmar, ne donnent lieu à aucune observation; il suffisait de citer leurs noms. Il n'est point parlé de quelques autres, qui n'ont apporté à la bibliothèque qu'un contingent très faible.

« *Émigrés frappés de confiscation*. — De la Bibliothèque des *comtes de Ribaupierre*, au château de Ribauvillé, proviennent, outre divers manuscrits, des imprimés nombreux et précieux, parmi lesquels des raretés typographiques d'une grande valeur. Un petit nombre de manuscrits et d'imprimés appartenaient autrefois à MM. Beck, Bourg, Bourst, Radius, Rathsamhausen (de), Schiéhlé, etc...

« *Tabagie littéraire de Colmar*. — C'était une Société close, qui s'était formée à Colmar en 1785 et réunissait les habitants les plus honorables de la ville; elle fut supprimée en 1793, comme étant composée de gens suspects, par un arrêté du représentant du peuple Hérault de Séchelles, qui ordonna le transport immédiat à la Bibliothèque du département des livres, médailles, minéraux, objets d'art, etc., qui lui appartenaient.

« Les livres provenant de ces sources diverses furent transportés à Colmar dans le courant des années 1791 et 1793. Ils furent déposés au district; mais, dès le mois de novembre 1791, le nombre de ces livres, qui s'accroissait chaque jour, avait déjà rendu tout à fait insuffisant le local consacré à les recevoir. Le désordre, la confusion envahissaient rapidement cet amas de volumes, quand les administrateurs du district, effrayés des progrès du mal, sentirent l'absolue nécessité de l'arrêter. Ils décidèrent, par une délibération du 12 novembre 1791, qu'il serait nommé un bibliothécaire et fait choix d'un local nouveau. Ils désignèrent, pour recevoir les livres, la grande salle qui servait de bibliothèque au collège national de Colmar,

---

1. Ce qui reste de Munster fait aujourd'hui [1853] partie des grands établissements d'industrie cotonnière de M. Hartmann, ancien pair de France. La fondation de cette abbaye remonte au VIIe siècle. Dom Calmet en a écrit une histoire qui est restée manuscrite et qui était perdue; le rédacteur de cette note a été assez heureux pour la retrouver, et son possesseur actuel l'a autorisé à en prendre une copie pour la bibliothèque de Colmar. Elle forme un gros volume in-4°, et est d'autant plus précieuse aujourd'hui que les archives de l'abbaye sont presque entièrement perdues. Dom Fangé assure que l'histoire de Dom Calmet a été publiée par Lunig; mais il est probable que Dom Fangé n'entend parler que des diplômes que donne Dom Calmet.

2. Le docteur Ber était membre de la maison de Sorbonne; parmi les manuscrits d'Isenheim se trouve le cours de philosophie que, pour obtenir ce titre, le docteur de Bâle, suivant l'usage, fit pendant un an, en 1508, à la Sorbonne.... Dans plusieurs volumes de la Bibliothèque de Colmar, on retrouve sa signature, et même des bordures miniaturées, où le nom de LUDOVICUS BER est répété plusieurs fois sur des banderoles mêlées aux ornements.

et, en cas d'insuffisance, quelques pièces attenantes. Ce local est celui qui sert encore aujourd'hui à la Bibliothèque [1853]. »

Grâce à des catalogues manuscrits très complets, il a été possible de relever les titres des éditions du xve siècle et de les identifier presque toujours avec les numéros du *Repertorium* de Hain.

L'ordre suivi dans la publication de ce catalogue est exactement celui adopté par Hain, auquel des renvois sont indiqués toutes les fois qu'il y a identité entre les éditions. Peut-être, en ces temps de descriptions minutieuses, ce travail encourra-t-il le reproche d'être trop sommaire; mais il n'a d'autre but que de donner la simple liste des richesses typographiques de la Bibliothèque de Colmar, afin de les faire mieux connaître et d'en mieux assurer, par une certaine publicité, la conservation.

L'administration du Cercle de la Librairie, toujours prête à favoriser l'étude de la bibliographie, a bien voulu donner son concours à cette publication; qu'elle reçoive ici, par avance, les remerciements des amis des vieux livres.

(Février-Août 1895.)

SIGNES ET ABRÉVIATIONS

″	indique la répétition du nom d'auteur ou du mot principal du titre.	imp.	*impensis* (aux frais de).
[ ].	tout renseignement mis entre crochets est donné d'après une comparaison ou une supposition, en l'absence d'indications sur le volume. Lorsqu'il y a doute, il est suivi d'un ?.	init. grav.	initiales gravées.
		in-8°.	in-octavo.
		in-4°.	in-quarto.
		in-fol.	in-folio.
		kl.	*Kalendas* (calendes).
		libb	*libri* (livres).
c.	*circa* (vers, environ).	ll	lignes.
car. goth.	caractères gothiques.	ll. l.	lignes longues (longues lignes).
car. rom.	caractères romains.	s.	*seu* (ou).
Cf.	*confer* (voyez).	sc.	*scilicet* (savoir).
col.	colonne.	S. d.	sans indication de date.
ff.	feuillets.	S. l.	sans indication de lieu.
ffnc.	feuillets non chiffrés.	S. l. n. d. n. typ.	sans indication de lieu, de date, de typographe.
H.	Hain (avec le numéro du *Repertorium* accompagné souvent d'un astérisque, qui indique que Hain avait vu l'ouvrage décrit).	S. typ.	sans indication de typographe.
		sign.	signatures.
		tit. cour.	titres courants.
		voll.	volumes.
id.	*idus* (ides).		

CATALOGUE
DES INCUNABLES
DE LA
BIBLIOTHÈQUE DE LA VILLE DE COLMAR

A

1. ACCURSIUS (Franciscus). Casus in terminis super novem libris Justiniani Codicis; in-fol. — S. l. n. d. n. typ. H. *69

2. ADAMUS. Vocabularius; in-4°. 1477. — S. l. n. typ.

3. ÆGIDIUS COLUMNA. De regimine principum; in-4°. *Venetiis*, Simon Bevilaqua, 1498. H. 109

4. ᷍ Quodlibeta; in-fol. *Bononiæ*, Dominicus de Lapis, 1481. H. *113

5. ᷍ Opus super primo libro Sententiarum; in-fol. *Venetiis*, Peregrinus de Pasqualibus de Bononia, 1492. H. *125

6. ᷍ Opus super secundo libro Sententiarum; in-fol. *Venetiis*, Lucas Venetus Dominici, 1482. H. *127

7. ÆNEAS SYLVIUS. Epistolæ familiares; in-fol. *Norimbergæ*, Ant. Koberger, 1481. H. *151

8. ᷍ Epistolæ familiares; in-4°. *Norimbergæ*, A. Koberger, 1486. H. *154

9. ᷍ Epistolæ familiares; in-4°. *Norimbergæ*. A. Koberger, 1496. H. *156

10. ᷍ Epistolæ in cardinalatu editæ; in-fol. — S. l. n. d. n. typ. H. *160

11. ᷍ Epistola de fortuna; in-4°, 8 ff. 27 ll. — S. l. n. d. n. typ. [*Coloniæ*, A. Terhœrnen]. H. *192

12. ᷍ De miseria curialium; in-4°, 16 ff., 35 ll. — S. l. n. d. n. typ. [*Romæ*, Plannck]. H. *197

13. ᷍ Præcepta artis rhetoricæ; in-4°. *Basileæ*, Amerbach. — S. d. H. *211

14. ᷍ Opuscula de duobus amantibus et de remedio amoris cum epistola retractatoria ejusdem Pii secundi ad quendam Karolum; in-4°, car. goth., ll. l. — S. l. n. d. n. typ.

15. ÆNEAS SYLVIUS. Historia Bohemica; in-4°, 60 ff., 2 col., 38 ll. — S. l. n. d. n. typ. H. *254

16. ᷍ Historia rerum ubique gestarum; in-fol., 106 ff., 34 ou 35 ll. *Venetiis*, Joh. de Colonia et Joh. Manthen, 1477. H. *257

17. ÆSOPUS moralisatus; in-4°. 1497. — S. l. n. typ. [*Coloniæ*, H. Quentell.] H. *316

18. ᷍ moralisatus; in-4°. — S. l. n. d. n. typ. H. 317

19. ᷍ Fabulæ et vita cum fabb. aliorum sc. Aviani, Alfonsi, etc., latine per Rimicium facta; in-fol. — S. l. n. d. n. typ. [*Argentinæ*, H. Knoblochzer.] H. 325

20. ALANUS ab Insulis. Doctrinale altum s. liber parabolarum; in-4°. *Coloniæ*, Heur. Quentell. — S. d. H. *377

21. ᷍ Doctrinale altum; in-4°. *Daventriæ*, Rich. Paffroet, 1499. Campbell *59. H. 383

22. ALBERTANUS Causidicus. De arte loquendi et tacendi; in-4°. *Norimbergæ*, fratres ordinis Heremitarum b. Augustini, 1479.

ALBERTANUS Trottus. — Cf. Gæws (Joh.).

23. ᷍ De arte loquendi et tacendi; in-4°. *Coloniæ*, 1497. — S. typ. H. *412

24. ALBERTIS (Leo Baptista de). Opera; in-4°. — S. l. n. d. n. typ. H. 416

25. ALBERTUS (Joh. Mich.). De omnibus ingeniis augendæ memoriæ libellus; in-4°. *Bononiæ*, Plato de Benedictis, 1491. H. *426

26. ALBERTUS MAGNUS. De adhærendo vero Deo; in-fol. — S. l. n. d. n. typ. H. *428

27. ᷍ De adhærendo vero Deo; in-fol. — S. l. n. d. n. typ. [*Ulmæ*, Joh. Zainer.] H. *429

28. ᷍ De adherendo vero Deo; in-fol., 10 ffnc., 41 ll. l. — S. l. n. d. n. typ.

29. ᷍ Compendium theologiæ veritatis; in-fol. — S. l. n. d. n. typ. H. *434

30. ᷍ Compendium theologiæ veritatis; in-fol. — S. l. n. d. n. typ. H. *435

31. ALBERTUS MAGNUS. Compendium theologiæ veritatis; in-fol. *Ulmæ,* Joh. Zainer. — *S. d.* H. *438

32. ⸺ Compendium theologicæ veritatis; in-fol. *Argentinæ,* 1480. — *S. typ.* H. *442

33. ⸺ De mysterio s. de officio missæ; in-fol. *Ulmæ,* Joh. Zainer. 1473. H. *449

34. ⸺ De Eucharistiæ sacramento sermones XXXII; in-fol. — *S. l. n. d. n. typ.* [*Coloniæ,* Joh. Guldenschaff.] H. *450

35. ⸺ De Eucharistiæ sacramento sermones XXXII; in-fol. — *S. l. n. d. n. typ.* [*Basileæ,* Bern. Richel.] H. *451

36. ⸺ Summa de Eucharistiæ sacramento; in-fol. *Coloniæ,* Joh. Guldenschaff, 1477. H. *457

37. ⸺ Opus in Evangelium *Missus est Gabriel;* gr. in-fol. — *S. l. n. d. n. typ.* [*Argentinæ,* Joh. Mentelin, c. 1474.] H. *461

38. ⸺ Opus in Evangelium *Gabriel missus est;* in-fol. — *S. l. n. d. n. typ.* [*Basileæ,* Wenssler.] H. *462

39. ⸺ Opus in Evangelium *Gabriel missus est;* in-fol. — *S. l. n. d. n. typ.* H. *463

40. ⸺ Liber de muliere forti; in-4°. *Coloniæ,* Henr. Quentell, 1499. H. *465

41. ⸺ De laudibus beatæ Mariæ Virginis; gr. in-fol. — *S. l. n. d. n. typ.* [*Argentinæ,* Mentelin, c. 1474.] H. *467

42. ⸺ Sermones notabiles de tempore et de sanctis; in-fol. *Ulmæ,* Joh. Zainer. — *S. d.* H. *470

43. ⸺ Sermones; in-fol. *Reutlingæ,* Mich. Gryff. — *S. d.* H. *473

44. ⸺ De virtutibus, s. paradisus animæ; in-4°. *Antverpiæ,* Ger. Leeu, 1479. H. *478

45. ⸺ De virtutibus, s. paradisus animæ; in-4°. *Argentinæ,* Mart. Flach, 1498. H. *481

46. ⸺ De abundantia exemplorum; in-fol. — *S. l. n. d. n. typ.* [*Ulmæ,* Joh. Zainer.] H. *484

47. ⸺ Liber aggregationis; in-4°, car. goth., 2 col. — *S. l. n. d. n. typ.*

48. ⸺ Summa de quatuor coaevis et de homine; in-fol. *Venetiis,* Simon de Luere. 1498. H. *569

49. ALBERTUS DE PADUA. Expositio evangeliorum dominicalium et festivalium; in-fol. *Ulmæ,* Joh. Zainer, 1480. H. *574

50. ALBERTUS DE SAXONIA. Quæstiones in Aristotelis libros de cœlo et mundo; in-fol. *Venetiis,* Otinus de Luna, 1497. H. *577

51. ALBUMASAR. Flores astrologiæ; in-4°. *Augustæ Vindelicorum,* Erh. Ratdolt, 1488. H. *609

52. ⸺ Introductorium in astronomiam; in-4°. *Augustæ Vindelicorum,* Erh. Ratdolt, 1489. H. *612

53. ALEXANDER DE ALES. Summa universæ theologiæ; in-fol. *Norimbergæ,* Ant. Koberger, 1482. H. *643

54. ⸺ Summa universæ theologiæ; in-4°. *Papiæ,* Johannes Ant. de Birreta et Franciscus Girardenghus, 1489. H. *644

55. ALEXANDER Anglicus. Destructorium vitiorum; in-fol. *Coloniæ,* 1485. — *S. typ.* H* 650

56. ALEXANDER Aphrodisæus. Problemata, latine per Georgium Vallam; in-fol. *Venetiis,* Ant. de Strata, 1488. H. *658

57. ALEXANDER Gallus. Opus minus, secunda pars; in-4°, 1500. — *S. l. n. typ.* H. *769

58. ⸺ Doctrinale; in-4°. *Brixiæ,* Boninus de Boninis, 1488.

59. ⸺ Doctrinale cum expositione Facini Tibergæ; in-4°. *Parisiis,* Rembolt, 1500.

60. ALLIACO (Petrus de). Quæstiones super libros III et IV Sententiarum; in-4°. Nic. Wolf, 1500. — *S. l.* [*Lugduni*]. H. *844

61. ⸺ Tractatus et sermones cum quæstionibus super libros Sententiarum; in-fol. *Argentinæ,* 1490. — *S. typ.* H. 848

62. ⸺ Insolubilia; in-4°. *Parisiis,* Antonius Caillaut. — *S. d.*

63. ⸺ Insolubilia; in-4°. *Parisiis,* Andreas Bocard. — *S. d.*

64. ⸺ De arte obligandi; in-4°. *Parisiis,* G. Mittelhus, 1489.

65. ⸺ Tractatus de anima; in-4°. *Parisiis,* Guido Mercator, 1494.

66. ⸺ Sacramentale seu tractatus theologicus de sacramentis; in-4°. *Lovanii,* Ægidius Van der Heerstraten, 1487. H. 852

67. 'ALPHONSUS, rex Castellæ. Tabulæ astronomicæ; in-4°. *Venetiis,* Joh. Hamman, 1492. H. *869

68. ALPHONSUS A SPINA. Fortalicium fidei contra fidei christianæ hostes; in-fol. *Norimbergæ,* Ant. Koberger, 1485. H. *873

69. ALPHONSUS Toletanus. Lectura in primum librum Sententiarum; in-fol. *Venetiis,* Paganinus de Paganinis, 1490. H. *876

70. AMBROSIUS (S.). Opera, Voll. III; in-fol. *Basileæ,* Joh. de Amerbach, 1492. H. *896

71. ⸺ Explanationis Evangelii S. Lucæ libb. X; in-fol. *Augustæ Vindel.,* Ant. Sorg, 1476. H. *900

72. AMBROSIUS DE SPIRA. Quadragesimale de floribus sapentiæ; in-4°. *Venetiis,* Gabr. Grassis de Papia, 1485. H. *921

73. ⸺ Quadragesimale de floribus sapientiæ; in-4°. *Venetiis,* Bonetus Locatellus, 1488. H. *922

74. AMICI. Sermones Amici dicti; in-4°. *Basileæ*, N. Kessler, 1495. H. 924

75. ANCONA (Augustinus de). Summa de ecclesiastica potestate; in-fol. *Augustæ Vindelicorum*, 1473. — *S. typ.* [Joh. Schussler.] H. *960

76. ~ Summa de ecclesiastica potestate; in-4°. *Venetiis*, Joh. Leoviller de Hallis, imp. Oct. Scoti, 1487. H. 963

77. ANDREAS (Antonius). Quæstiones super XII libb. Metaphysicæ Aristotelis; in-fol. — *S. l. n. d. n. typ.* H. *974

78. ~ Quæstiones super XII libb. Metaphysicæ Aristotelis; in-fol. *Venetiis*, Bonetus Locatellus, imp. Oct. Scoti, 1491. H. *979

79. ANDREAS DE ESCOBAR (Antonius). Modus confitendi; in-8°. — *S. l. n. d. n. typ.* [*Memmingæ*, Albertus Kunne.] H. 1015

80. ANDREAS (Johannes). Lectura super arboribus consanguinitatis, affinitatis et cognationis spiritualis; in-fol. — *S. l. n. n. typ.* H. *1021

81. ~ Quæstiones mercuriales super regulis juris; in-fol., 1475. — *S. l. n. typ.* H. *1056

82. ANDREAS (Nicolaus). Tractatus de missa; in-4°. — *S. l. n. d. n. typ.* H. *1081

83. ANDRELINUS (Faustus). De Neapolitana Fornoviensique victoria carminum libb. II; in-4°. *Parisiis*, Mercator et Joh. Parvus, 1496. H. 1092

84. ANGELUS (Johannes). Astrolabium planum in tabulis ascendens; in-4°. *Venetiis*, Joh. Emericus de Spira, 1494. H. *1101

85. ANIANUS. Compotus manualis cum commento; in-4°. *Argentinæ*, Joh. Pruss, 1488. H. *1109

ANIANUS. — Cf. AVIANUS et COMPOTUS.

86. ANNIUS Viterbiensis (Johannes). Glossa in Apocalypsin, seu liber de futuris Christianorum triumphis contra Saracenos; in-4°. *Norimbergæ*. — *S. d. n. typ.* [Conr. Zeninger.] H* 1123

87. ~ Glossa in Apocalypsin; in-4°. *Coloniæ*, 1492. — *S. typ.* [B. de Unckel.] H.* 1128

88. ANSELMUS Cantuariensis (S.). Opera et tractatus; in-fol. *Norimbergæ*, Casp. Hochfeder, 1491. H. *1134

89. ~ Opuscula; in-fol. — *S. l. n. d. n. typ.* H. *1136

90. ANTONINUS Florentinus (S.). Chronicon s. opus historiarum; in-fol. *Norimbergæ*, Ant. Koberger, 1484. H. *1159

91. ~ Chronicon; in-fol. *Basileæ*, N. Kessler, 1491. H. *1161

92. ANTONINUS Florentinus (S.). Confessionale; in-4°. — *S. l. n. d. n. typ.* [*Argentinæ*, Knoblochzer.] H. *1166

93. ~ Confessionale; in-4°. *Memmingen*, Alb. Kunne, 1483. H. *1190

94. ~ Confessionale; in-4°, 1487. — *S. l. n. typ.* H. *1196

95. ~ Confessionale; in-4°. *Argentinæ*, M. Flach, 1488. H. *1197

96. ~ Confessionale; in-4°. *Argentinæ*, M. Flach, 1490. H. *1198

97. ~ Confessionale; in-4°. *Argentinæ*, M. Flach, 1492. H. *1200

98. ~ Confessionale; in-4°. *Argentinæ*, M. Flach, 1499. H. *1205

99. ~ Confessionale; in-4°, 144 ffnc., car. goth., 27 ll. l. — *S. l. n. d. n. typ.*

100. ~ Decisio consiliaris, super dubio producto de indulgentiis; in-fol. *Norimbergæ*, F. Creussner. — *S. d.* H. *1235

101. ~ Summæ theologicæ pars II; gr. in-fol. *Spiræ*, P. Drach, 1477.

102. ~ Summæ theologicæ partes IV; gr. in-fol. *Norimbergæ*, Ant. Koberger, 1479. H. *1242

103. ~ Summa; in-fol. *Venetiis*, Nicolaus Jenson, 1480. H. *1243

104. ~ Summa; petit in-fol. *Venetiis*, L. Wild, 1481. H. *1244

105. ~ Summa; in-fol., 1485. — *S. l. n. typ.* H. *1246

106. ~ Summa; in-fol. *Spiræ*, Drach, 1487. H. *1247

107. ~ Summa; pet. in-fol. *Argentinæ*, Gruninger, 1490. H. *1248

108. ~ Summa; pet. in-fol. *Argentinæ*, Gruninger, 1496. H. *1249

109. ~ Joh. Molitoris tabulæ s. repertorium super totam Summam; in-fol. — *S. l. n. d. n. typ.* H. *1260

110. ~ Tractatus de censuris; in-4°. *Venetiis*, Joh. de Colonia et Johannes Manthen de Gherretzem, 1474. H. *1268

111. ~ Tractatus de censuris; in-4°. *Venetiis*, Joh. de Colonia et Joh. Manthen, 1480. H. *1270

112. APICIUS (Cœlius). De re culinaria; pet. in-4°. *Venetiis*, Bernardinus Venetus. — *S. d.* H. *1282

113. APOLLINARIS (Caius Sollius Sidonius). Epistolæ et carmina; in-fol. *Mediolani*, Uldericus Scinzenzeler, 1498. H. *1287

114. APULEIUS Madaurensis. Epitoma de mundo, s. Cosmographia; in-fol. *Viennæ Austriæ*, Joh. de Winterburg, 1497. H. 1321

115. AQUINO (Thomas de). Catena aurea, s. Continuum in quatuor Evangelistas; in-fol. — S. l. n. d. n. typ. [Esslingæ, Conr. Fyner.] H. *1329

116. ―― Catena aurea; gr. in-fol. *Norimbergæ*, Ant. Koberger, 1475. H. *1331

117. ―― Catena aurea; in-fol., 1476. — S. l. n. typ. H. *1332

118. ―― Commentaria in omnes epistolas Pauli; in-fol. *Basileæ*, M. Furter, 1495. H. *1339

119. ―― De divinis moribus; in-4°. — S. l. n. d. n. typ.

120. ―― De arte et vero modo prædicandi; in-fol. — S. l. n. d. n. typ. H. *1356

121. ―― De arte et vero modo prædicandi; in-4°. *Memmingæ*, Albertus Kunne, 1483. H. *1362

122. ―― De periculis contingentibus circa sacramentum Eucharistiæ; in-fol. — S. l. n. d. n. typ. [*Ulmæ*, Zainer.] H. *1375

123. ―― De periculis contingentibus circa sacramentum Eucharistiæ; in-4°. — S. l. n. d. n. typ. [*Argentinæ*.] H. 1381

124. ―― De veritate catholicæ fidei contra errores infidelium, s. Summa catholicæ fidei; in-fol. *Venetiis*, Jenson, 1480. H. *1389

125. ―― Postilla in Job; in-fol. Conrad Fyner, 1474. — S. l. [*Esslingæ*.] H. *1397

126. ―― Quæstiones de duodecim Quodlibet; in-fol. *Coloniæ*, Joh. Kœlhoff, 1485. H. *1405

127. ―― Quæstiones disputatæ de veritate; in-fol. *Coloniæ*, Quentell, 1499. H. *1421

128. ―― Summæ theologicæ partes III; gr. in-fol. *Basileæ*, 1485. — S. typ. H. *1434

129. ―― Summa theologica; in-fol. *Venetiis*, Bonetus Locatellus, imp. Oct. Scoti, 1493. H. *1435

130. ―― Summa theologica; in-fol. *Norimbergæ*, A. Koberger, 1496. H. *1436

131. ―― Summæ theologicæ pars I; in-fol. *Venetiis*, Ant. de Strata, 1489. H *1445

132. ―― Summa. Partis secundæ prima pars; in-fol. *Venetiis*, Franc. de Hailbrunn et Petrus de Bartua, 1478. H. *1448

133. ―― Summa. Prima pars secundæ partis; pet. in-fol. *Venetiis*, Fr. de Hailbrunn et P. de Bartua, 1478. H. *1449

134. ―― Summa. Prima pars secundæ partis; in-fol. *Venetiis*, Th. de Ragazonibus de Asula, 1490. H. *1450

135. ―― Summa. Partis secundæ pars secunda; grand in-fol., 1472. — S. l. n. typ. [*Esslingæ*, C. Fyner.] H. *1460

136. ―― Summa. Partis secundæ secunda pars; pet. in-fol. *Venetiis*, 1479. — S. typ. H. *1463

137. AQUINO (Thomas de). Summa. Parti secundæ secunda pars; in-fol. *Venetiis*, Th. de Ragazonibus, 1491. H. *1465

138. ―― Summæ theologicæ pars tertia; in-fol. *Venetiis*, Bernardinus de Tridino, 1486. H. *1470

139. ―― Summæ theologicæ pars tertia; in-fol. *Venetiis*, Ph. Pincius, 1493. H. *1471

140. ―― Super primo Sententiarum; in-fol. *Coloniæ*, Quentell, 1480. H. 1473

141. ―― Super primo Sententiarum; in-fol. *Venetiis*, Ant. de Strata, 1486. H. *1474

142. ―― Super secundo Sententiarum; in-fol. *Coloniæ*, Quentell, 1481. H. *1476

143. ―― Super secundo Sententiarum; in-fol. *Bononiæ*, Ben. Hectoris, 1494. H. *1477

144. ―― Super secundo Sententiarum; in-fol. *Venetiis*, Bonetus Locatellus, imp. Oct. Scoti, 1498. H. *1478

145. ―― Super tertio Sententiarum; in-fol. *Coloniæ*, Joh. Kœlhoff, 1476. H. *1479

146. ―― Super tertio Sententiarum; in-fol. *Venetiis*, Herm. Lichtenstein, 1490. H. *1480

147. ―― Super quarto Sententiarum; in-fol. *Coloniæ*, H. Quentell, 1480. H. *1483

148. ―― Super quarto Sententiarum; pet. in-fol. *Venetiis*, Joh. de Colonia et Nicolaus Jenson, 1481. H. *1484

149. ―― Super quarto Sententiarum; in-fol. *Venetiis*, Bonetus Locatellus, impensis Oct. Scoti, 1497. H. *1485

150. ―― Sententia libri Perihermeneias et Fallaciæ; in-fol. *Venetiis*, Joh. de Colonia et Manthen de Gherretzem, 1477. H. *1496

151. ―― Tractatus de universalibus, de intentionibus primis et secundis, etc.; in-4°. — S. l. n. d. n. typ. [*Argentinæ*, Eggesteyn.] H. 1512

152. ―― Tractatus de universalibus, modalibus, etc.; in-fol., 1483. — S. l. n. typ. H.* 1513

153. ―― Commentum in octo libros Physicorum Aristotelis; in-fol., 1480. — S. l. n. typ. H. *1527

154. ―― Opuscula philosophica; in-4°. *Venetiis*, H. Lichtenstein, 1497. H. *1541

155. ―― Opuscula; in-fol. *Venetiis*, Bonetus Locatellus, 1498. H. *1542

156. AQUINO (S. Thomas de) et S. BERNARDUS. Opuscula, ut expositio Orationis dominicalis, Salutationis Angèlicæ, etc.; in-4°. *Mediolani*, Chr. Valdarfer, 1488. H. 1543

157. ARCULANUS (Johannes). Expositio in Avicennæ canonis quarti fen primam; in-fol. *Ferrariæ*, Andreas Gallus Belfortis, 1489. H. 1552

158. ARETINUS (Leonardus). Calphurnia et Gurgulia comedia; in-fol. *Monasterium Sortense*, 1478. H. *1595

159. ~~ Tractatulus de duobus amantibus, de Guistardo [sic] et Gigismunda [sic].....; in-4°, car. goth. ll. l. — *S. l. [Coloniæ ?] n. d. n. typ.*

160. ~~ Tractatus in practica maleficiorum; in-fol. *Venetiis*, Andreas de Calabriis de Papia, 1488. H. 1629

161. ARGENTINA (Thomas de). Scripta super quatuor libris Sententiarum; in-fol. *Argentinæ*, Flach, 1490.

162. ARIMINENSIS (Henricus). De quatuor virtutibus cardinalibus; in-fol. *Argentinæ*. — *S. d. n. typ.* H. *1649

163. ~~ De quatuor virtutibus cardinalibus; in-fol. *Spiræ*. — *S. d. n. typ.* H. *1650

164. ARISTOTELES. Opera græce; in-fol. *Venetiis*, Aldus Manutius, 1498. H. *1657

165. ~~ Opera nonnulla, latine per Joh. Argyrophilum, IV part.; in-fol. *Augustæ Vindelicorum*, Amb. Keller, 1479. H. *1658

166. ~~ Opera, latine c. commentariis Averrois; in-fol. *Venetiis*, Bernardinus Stagninus de Tridino, 1489. H. *1661

167. ~~ Copulata super veterem artem; in-fol., 1488. — *S. l. n. typ. [Coloniæ*, Henr. Quentell.] H. *1672

168. ~~ Copulata totius novæ logicæ; in-fol., 1489.— *S. l. [Coloniæ], n. typ.* H. 1676

169. ~~ Opera de naturali philosophia; in-fol. *Venetiis*, Philippus Venetus, 1482. H. *1682

170. ~~ De generatione et corruptione; in-fol. *Venetiis*, Bern. Stagninus de Tridino, 1493. H. 1693

171. ~~ De natura animalium; in-fol. — *S. l. n. d. n. typ.* H. *1698

172. ~~ Libri Politicorum et Ethicorum. Item quæstiones super Metaphysicam cum commento; in-fol. *Coloniæ*, 1491. — *S. typ.*

173. ~~ Problemata, latine Theod. Gaza interprete cum Aristotelis vita; in-4°. — *S. l. n. d. n. typ. [Coloniæ*, Quentell?] H. *1722

174. ~~ Problemata; in-4°. *Mantuæ*, Joh. Vurster et Joh. Baumeister. — *S. d.* H. 1729

175. ~~ Ethicorum ad Nicomachum libb. X, interprete Henrico Kosbein; in-fol. *Parisiis*, Joh. Parvus, 1500. H. *1758

176. ~~ Decem librorum moralium Aristotelis tres conversiones; in-fol. *Parisiis*, Higman et Hopyl, 1496-97. H. 1761

177. ~~ Chiromanthia; in-4°. *Ulmæ*, 1490. — *S. typ.* H. *1778

178. ARMANDUS DE BELLOVISU. De declaratione difficilium terminorum tam theologiæ quam philosophiæ ac logicæ; in-8°. *Basileæ*, Mich. Wenssler, 1491. H. *1794

179. ARNALDUS DE VILLA NOVA. Liber de vinis; in-4°. — *S. l. n d. n. typ. [Lipsiæ*, XVI° s.?] H. *1808

180. ~~ Liber de vinis; in-4°, car. goth., ll. l. — *S. l. n. d. n. typ.*

181. ~~ De somniorum interpretatione; in-4°, 24 ff., car. goth., 32 ll. l. — *S. l. n. d. n. typ.*

182. ARTUS DE BRETAGNE. Le livre du vaillant et preux chevalier ~~; in-fol., 1492. — *S. l. n. typ.* H. 1866

183. ASCONIUS Pædianus. Commentarii in orationes Ciceronis; in-fol. — *S. l. n. d.* [c. 1490], *n. typ.* H. 1885

184. ~~ Commentarii in orationes Ciceronis; in-fol. *Venetiis*, Joh. de Colonia et Joh. Manthen de Gherretzem.—*S. d.* [c. 1480]. H. *1886

185. ~~ Commentarii in orationes Ciceronis; in-fol. — *S. l. n. d.* [c. 1480] *n. typ.* H. *1887

186. ASTESANUS DE AST. Summa de casibus conscientiæ; in-fol. — *S. l. n. d. n. typ. [Argentinæ*, Mentelin, c. 1469.] H. *1888

187. ~~ Summa; in-fol.— *S. l. n. d. n. typ. [Argentinæ*, Mentelin, c. 1472.] H. *1889

188. ~~ Summa; in-fol. — *S. l. n. d. n. typ. [Argentinæ*, Mentelin.] H. *1890

189. ~~ Summa; in-fol. — *S. l. n. d. n. typ. [Eustadii*, Mich. Reyser.] H. *1891

190. ~~ Summa; in-fol. — *S. l. n. d. n. typ. [Basileæ*, Richel.] H. *1892

191. ~~ Summa; in-fol. *Norimbergæ*, Ant. Koberger, 1482. H. *1897

192. ATHANASIUS (S.). De Homousio contra Arrium; in-fol. *Parisiis*, Andreas Bocard, 1500. H. *1906

193. AUCTORITATES Aristotelis, etc.; in-4°. —*S. l. n. d. n. typ. [Eustadii*, Reyser.] H. *1920

194. ~~ ; in-4°. *Reutlingæ*, Michael Gryff, 1488. H. *1932

195. ~~ ; in-4°. *Spiræ*, Conr. Hist, 1496. H. *1936

196. ~~ ; in-4°, car. goth. — *S. l. n. d. n. typ.*

197. AUGUSTINUS (S.). Opuscula plurima; in-fol. *Argentinæ*, M. Flach, 1489. H. *1948

198. ~~ Opuscula plurima; in-4°. *Venetiis*, Dionysius Bertochus, 1491. H. *1949

199. ~~ Opuscula; in-fol. *Argentinæ*, M. Flach, 1491. H. *1950

200. ~~ Opuscula; in-4°. *Venetiis*, Andreas de Bonetis, 1484.

201. AUGUSTINUS (S.). Meditationes; in-4°. *Parisiis*, A. Caillaut. — *S. d.* H. 1954

202. ~~ Opus quæstionum; in-fol. *Lugduni*, Joh. Trechsel, 1497. H. *1965

203. ~~ Liber epistolarum; in-fol. — *S. l. n. d. n. typ.* [*Argentinæ*, Mentelin.) H. *1966

204. ~~ Liber epistolarum; in-fol. *Basileæ*, Joh. de Amerbach, 1493. H. *1969

205. ~~ Psalmorum explanatio; in-fol. *Basileæ*, Joh. de Amerbach, 1489. H. 1971

206. ~~ Psalmorum explanatio; in-fol. *Venetiis*, Bern. Benalius, 1493. H. *1973

207. ~~ Psalmorum explanatio; in-fol. *Basileæ*, Joh. de Amerbach, 1497. H. *1975

208. ~~ Soliloquia; in-fol. (incomplet). — *S. l. n. d. n. typ.*

209. ~~ Expositio evangelii Johannis; in-fol. — *S. l. n. d. n. typ.* [*Norimbergæ*, Koberger, aut *Basileæ*, Amerbach.] H. *1982

210. ~~ Expositio in omnes Pauli epistolas; in-fol. *Parisiis*, Gering et Rembolt, 1499. H. 1983

211. ~~ Sermones ad Heremitas; in-4°. — *S. l. n. d. n. typ.* H. *1997

212. ~~ Sermonum opera plura et diversa; in-fol. *Parisiis*, Gering et Rembolt. — *S. d.* H. 2007

213. ~~ Sermonum opera plurima et diversa; in-fol. *Basileæ*, Joh. de Amerbach, 1494. H. *2008

214. ~~ De trinitate libb. XV; in-fol. Joh. de Amerbach, 1489. — *S. l.* [*Basileæ*.] H. 2037

215. ~~ De trinitate; in-fol. — *S. l.* [*Friburgi*] *n. d. n. typ.* H. *2040

216. ~~ De civitate Dei; in-fol. *Venetiis*, Nic. Jenson, 1475. H. *2051

217. ~~ De civitate Dei; in-4°. *Venetiis*, Bonetus Locatellus, imp. Oct. Scoti, 1486. H. *2055

218. AUGUSTINUS (S.). De civitate Dei; in-fol. *Moguntiæ*, Petrus Schoiffer, 1473. H. *2057

219. ~~ De civitate Dei; gr. in-fol. *Basileæ*, Mich. Wenssler, 1479. H. *2058

220. ~~ De civitate Dei; in-fol. *Basileæ*, Joh. de Amerbach, 1489. H. 2064

221. ~~ De civitate Dei; in-fol. *Basileæ*, Joh. de Amerbach, 1490. H. *2066

222. ~~ De civitate Dei; in-fol. *Friburgi*, 1494. — *S. typ.* H. *2068

223. ~~ Canones juxta triplicem quam edidit regulam; in-fol. *Argentinæ*, Martinus Schott, 1490. H. *2076

224. ~~ Liber de vita christiana; in-4°. — *S. l. n. d. n. typ.* [*Moguntiæ*, Petrus Schoiffer.] H. *2093

225. ~~ Expositio super Symbolum, etc.; in-fol. — *S. l. n. d. n. typ.* [*Basileæ*, Wenssler.] H. 2107

226. AURBACH (Joh.). Processus juris; in-fol. *Basileæ*, Kessler, 1482.

227. ~~ Summa de sacramentis; in-fol. — *S. l.* [*Argentinæ*] *n. d. n. typ.* H. *2123

AURELIUS VICTOR. Cf. Plinius junior.

228. AUSMO (Nicolaus de). Supplementum Summæ Pisanellæ; pet. in-fol. *Venetiis*, F. de Hailbrunn et Petrus de Bartua, 1477. H. *2156

229. ~~ Supplementum ....; in-4°. *Venetiis*, Barth. de Alexandria, Andreas de Asula et Maphæus de Salodio, socii, 1481. H. *2161

230. ~~ Supplementum ....; in-4°. *Norimbergæ*, Ant. Koberger, 1488. H. *2168

231. AUSONIUS. Sententiæ septem Sapientum septenis versibus explicatæ; in-4°. *Viennæ*, 1500. — *S. typ.* [Joh. Winterburg.] H. 2182

AVIANUS. — Cf. Anianus et Compotus.

232. AVICENNA. Metaphysica sive prima philosophia; pet. in-fol. *Venetiis*, Bernardinus Venetus, 1495. H. 2217

B

233. BALBUS (Hieronymus). Epigrammata; in-4°. — *S. l. n. d. n. typ.* [*Parisiis*.]

234. BALBUS (Joh.). Catholicon; in-fol., car. goth., 2 col., 58 ll. — *S. l. n. d. n. typ.*

235. ~~ Catholicon; in-fol. — *S. l. n. d. n. typ.* [*Argentinæ*, Mentelin.] H. *2251

236. ~~ Catholicon; in-fol. *Venetiis*, Herm. Lichtenstein, 1490. H. *2261

237. BALDUS de Ubaldis. Commentum super Institutionibus; in-fol. *Venetiis*, Phil. Pincius, 1500. H. *2277

238. ~~ Lectura super lib. IX Codicis; in-fol. *Venetiis*, Baptista de Tortis, 1500. H. *2282

239. BALDUS de Ubaldis. Lectura super I et II parte Digesti veteris; in-fol. *Venetiis*, Andreas Torresanus de Asula, 1495. H. *2301

240. ~~ Super Usibus feudorum et commentum super pace Constantiæ; in-fol. *Venetiis*, Bernardinus Benalius, 1500. H. *2325

241. BAPTISTA Mantuanus. Parthenices libb. III, cum expositione Ascensii, etc.; in-4°. *Parisiis*, Th. Kerver, 1499. H. 2369

242. ~~ De mundi calamitatibus; in-4°. *Basileæ*, Joh. de Amerbach. — *S. d.* H. *2379

243. ~~ De patientia libri III; in-4°. *Basileæ*, Bergman de Olpe, 1499. H. 2407

244. BARBATIA (Andreas). Consiliorum partes I et II; in-fol. *Mediolani*, Phil. Lavagna, 1489 et 1490. H. 2426

245. ⋙ Repetitio de rebus ecclesiasticis non alienandis; in-fol. *Papiæ*, Ant. de Carchano, 1497. H. 2437

246. BARBERIIS (Philippus). Opuscula; in-4°. *Oppenheim*, Jacobus Kœbel. — *S. d.* H. 2454

247. BARTHOLOMÆUS Brixianus. Casus decretales seu decretorum; in-fol. *Basileæ*, Nic. Kessler, 1489. H. 2472

248. ⋙ Interrogatorium seu Confessionale; in-fol. — *S. l. n. d. n. typ.* [*Basileæ*, M. Flach.] H. 2476

249. ⋙ Interrogatorium ....; in-fol. — *S. l. n. d. n. typ.* [*Argentinæ*.] H. *2478

250. ⋙ Interrogatorium ....; in-4°. — *S. l. n. d. n. typ.* H. *2479

251. ⋙ Interrogatorium .....; in-fol. *Norimbergæ*, Fr. Creussner, 1477. H. *2482

252. BARTHOLOMÆUS Coloniensis. Epistola mythologica; in-4°. — *S. l. n. d. n. typ.* H. *2494

253. BARTHOLOMÆUS Anglicus. De proprietatibus rerum; in-fol. — *S. l. n. d. n. typ.* H. *2498

254. ⋙ De proprietatibus rerum; in-fol. — *S. l. n. d. n. typ.* [*Basileæ*, B. Richel et M. Wenssler.] H. *2499

255. ⋙ De proprietatibus rerum; in-fol. *Lugduni*, Nic. Philippi et Marcus Reinhard, 1480. H. *2500

256. ⋙ De proprietatibus rerum; in-fol. *Lugduni*, Petrus Hungarus, 1482. H. 2502

257. ⋙ De proprietatibus rerum; in-fol. *Norimbergæ*, Ant. Koberger, 1483. H. *2505

258. ⋙ De proprietatibus rerum; in-fol. *Argentinæ*, 1485. — *S. typ.* H. *2506

259. ⋙ De proprietatibus rerum; in-fol. *Argentinæ*, 1491. — *S. typ.* H. *2509

260. ⋙ De proprietatibus rerum; in-fol. *Norimbergæ*, Koberger, 1492. H. *2510

261. BARTHOLOMÆUS Pisanus de Sancto Concordio. Summa de casibus conscientiæ; in-fol. — *S. l. n. d. n. typ.* [*Spiræ*, Petr. Drach.] H. *2524

262. BARTHOLOMÆUS Scopensis. De arte punctandi dialogus; in-4°. *Parisiis*, A. Denidel. — *S. d.* [1500.]

263. BARTOLUS de Saxoferrato. Lectura super I et II parte Codicis; in-fol. *Venetiis*, Andr. Torresanus de Asula, 1488. H. *2546

264. ⋙ Lectura super I et II parte Codicis; in-fol. *Venetiis*, Bernardinus de Tridino, 1492. H. 2549

265. BARTOLUS de Saxoferrato. Lectura super tribus libris Codicis; in-fol. *Venetiis*, Andreas de Zophis Parmensis, 1485. H. *2560

266. ⋙ Lectura super II parte Digesti veteris; in-fol. *Venetiis*, Bernardinus Stagninus de Tridino, 1492. H. 2587

267. ⋙ Lectura super I parte Infortiati; in-fol. *Venetiis*, Bernardinus Stagninus de Tridino, 1492. H. 2600

268. ⋙ Lectura super II parte Digesti novi; in-fol. *Venetiis*, Bernardinus Stagninus de Tridino, 1493. H. 2620

269. ⋙ Lectura super Authenticis; in-fol. *Venetiis*, Johannes et Gregorius de Gregoriis fratres, 1485. H. 2628

270. ⋙ De tabellionibus; in-fol. *Argentinæ*, 1494. — *S. typ.*

271. BARZIZIUS (Gasparinus). Epistolæ; in-fol. — *S. l. n. d. n. typ.* [*Basileæ*, M. Flach.] H. *2669

272. ⋙ Epistolæ; in-4°. *Argentinæ*, Joh. Pruss, 1486. H. *2676

273. BASSOLIS (Johannes de). In IV Sententiarum libris; in-fol., ffch., car. goth., 50 ll. l.; sign. a.-z, A. — *S. l. n. d. n. typ.*

274. ⋙ In IV Sententiarum libb.; in-fol. *Coloniæ*, Joh. Koelhoff, 1488.

275. BEBELIUS (Henricus). Cosmographia dans manuductionem in tabulas Ptolemæi; in-4°. — *S. l. n. d. n. typ.* H. *2723

276. ⋙ Tractatus de tribus...; in-4°. *Tubingæ*, 1500. — *S. typ.*

277. BEBENBURGIUS (Lupoldus). Germanorum veterum principum zelus et fervor in christianam religionem; in-fol. *Basileæ*, Bergman de Olpe, 1497. H. *2725

278. BEDA Venerabilis. Repertorium sive tabula auctoritatum Aristotelis, cum commento; in-4°. *Coloniæ*, Quentell, 1495. H. *2734

279. BERCHORIUS (Petrus). Liber Bibliæ moralis seu moralisationes Bibliæ; in-fol. *Argentinæ*, C. W., 1474. H. *2795

280. ⋙ Dictionarius seu Repertorium morale perutile prœdicatoribus; in-fol. *Norimbergæ*, Koberger, 1489. H. 2801

281. ⋙ Dictionarius; in-fol. *Norimbergæ*, Ant. Koberger, 1499. H. *2802

282. BERGOMENSIS (Petrus). Tabula super omnia opera Thomæ Aquinatis; in-fol. *Basileæ*, B. Richel, 1478. H. *2818

283. ⋙ Tabula ....; in-4°. *Basileæ*, Kessler, 1495. H. *2819

284. ⋙ Tabula ....; in-fol. *Venetiis*, Joh. Rubeus, 1497. H. *2820

285. BERNARDINUS Senensis. Sermones de evangelio æterno ; in-fol. — *S. l. n. d. n. typ.* H. *2827

286. ~~~ Quadragesimale de christiana religione ; in-fol. — *S. l. n. d. n. typ.* H. *2834

287. BERNARDUS (S.). Sermones ; in-fol. *Moguntiæ*, P. Schoiffer, 1475. H. *2844

288. ~~~ Sermones ; in-fol. — *S. l. n. d. n. typ. [Spiræ,* Drach, 1481.] H. *2846

289. ~~~ Sermones ; in-fol. *Basileæ,* Nicolaus Kessler, 1495. H. *2848

290. ~~~Sermones super Cantica canticorum; in-fol. *Argentinæ,* M. Flach, 1497. H. *2859

291. ~~~ Sermo de humana miseria ; in-4°. — *S. l. [Burgdorf.] n. d. n. typ.* H. *2867

292. ~~~ Epistolæ cum aliis ejusdem tractatibus ; in-fol. — *S. l. n. d. n. typ. [Argentinæ,* Eggesteyn.] H. *2870

293. ~~~ Epistolæ cum aliis ejusdem tractatibus ; in-fol. *Basileæ,* 1494. — *S. typ.* [Kessler?] H. *2872

294. ~~~ De planctu Virginis Mariæ ; in-4°. — *S. l. n. d. n. typ.[Coloniæ,* Ulr. Zell.] H. *2900

295. ~~~ Floretus ; in-4°. — *S. l. n. d. n. typ.* [*Coloniæ,* H. Quentell, 1492.] H. *2912

296. ~~~ Opuscula varia ; in-4°. *S. l. n. d. n. typ.* H. *2920

BERNARDUS (S.). — Cf. GERSON. Sermo de passione Christi.

297. BERNARDUS Parmensis. Casus longi super V libb. Decretalium ; in-fol. — *S. l. n. d. n. typ. [Basileæ,* Wenssler.] H. *2930

298. ~~~ Casus longi ....; in-fol. *Argentinæ,* 1484. — *S. typ.* H. *2932

299. ~~~ Casus longi ....; in-fol. *Argentinæ,* 1493. — *S. typ.* H. *2936

300. BEROALDUS (Philippus). Orationes et poemata ; in-4°. *Lugduni,* Johannes Trechsel, 1492. H. *2952

301. ~~~ Carmina ; in-4°. *Parisiis,* Denidel. — *S. d.*

302. ~~~ Carmen de die Dominicæ passionis ; in-4°. — *S. l. n. d. n. typ.*

303. BETTLERORDEN. Liber vagatorum ; in-4°. — *S. l. n. d. n. typ.* H. 3019

304. BIBLIA latina ; in-fol. — *S. l. n. d. n. typ. [Argentinæ,* Mentelin.] H. *3033

305. BIBLIA latina ; 3 vol. in-fol. — *S. l. d. n. typ.* [Pars I, *Basileæ,* Berthold Rodt ; Pars II, *Basileæ,* B. Richel.] H. *3038

306. BIBLIA latina ; in-fol. — *S. l. n. d. n. typ. [Basileæ,* Bern. Richel.] H. *3053

307. BIBLIA latina ; in-fol. *Norimbergæ,* Ant. Koberger, 1479. H. *3072

308. BIBLIA latina ; in-fol. 1479. — *S. l. n. typ.* H. *3075

309. BIBLIA latina ; in-fol. *Ulmæ,* Zainer, 1480. H. *3079

310. BIBLIA latina ; in-fol. 1481. — *S. l. n. typ.* H. *3081

311. BIBLIA latina ; in-fol. 1482. — *S. l. n. typ.* H. *3086

312. BIBLIA latina ; in-fol. 1483. — *S. l. n. typ.* H. *3088

313. BIBLIA latina ; in-fol. *Venetiis,* Joh. Herbort, 1483. H. *3090

314. BIBLIA latina ; in-fol. *Venetiis,* Joh. Herbort, 1484. H. *3091

315. BIBLIA latina ; in-fol. 1486. — *S. l. n. typ.* H. *3094

316. BIBLIA latina ; in-fol. *Basileæ,* Nic. Kessler, 1487. H. *3100

317. BIBLIA latina ; in-fol. 1489. — *S. l. n. typ.* H. *3104

318. BIBLIA latina ; in-fol. 1489. — *S. l. n. typ.* H. *3105

319. BIBLIA latina ; in-8°. *Basileæ,* Joh. Froben, 1491. H. *3107

320. BIBLIA latina ; in-fol. 1491. — *S. l. n. typ.* H. *3108

321. BIBLIA latina ; in-fol. *Basileæ,* Nic. Kessler, 1491. H. *3111

322. BIBLIA latina ; in-8°. *Basileæ,* Joh. Froben, 1495. H. *3118

323. BIBLIA latina ; in-fol. Fr. Fradin et Johannes Pivard socii, 1497. — *S. l. [Lugduni.]* H. 3121

324. BIBLIA latina cum postillis ; in-fol. — *S. l. n. d. n. typ.* H. *3163

325. BIBLIA latina cum postillis ; in-fol. *Norimbergæ,* Ant. Koberger, 1485. H. *3166

326. BIBLIA latina cum postillis ; in-fol. *Norimbergæ,* Ant. Koberger, 1487. H. *3167

327. BIBLIA latina cum postillis ; in-fol. *Argentinæ,* 1492. — *S. typ.* H. *3169

328. BIBLIA latina cum postillis ; in-fol. *Norimbergæ,* Ant. Koberger, 1497. H. *3171

329. BIBLIA latina cum glossulis tam marginalibus quam interlinearibus ordinariis una cum Nicolai de Lyra postillis ; in-fol. *Basileæ,* Joh. Froben, 1498. H. *3172

330. BIBLIA latina cum glossa ordinaria Walafridi Strabonis et interlineari Anselmi Laudunensis ; in-fol. — *S. l. n. d. n. typ.* [*Basileæ,* c. 1480.] H. *3173

331. BIBLIA latina cum postillis Hugonis cardinalis ; in-fol. *Basileæ,* Joh. de Amerbach, 1498-1502. H. 3175

332. BIBLIA latina cum concord.; in-fol. *Norimbergæ,* Ant. Koberger, 1500.

333. BIBLIA latina cum postillis ; in-fol. *Lugduni,* Joh. Syber. — *S. d.*

334. BIBLIA germanica; in-fol. — *S. l. n. d. n. typ*. [*Argentinæ*, Henricus Eggesteyn, c. 1466.] H. *3129

335. BIBLIA germanica; in-fol. *Augustæ Vindelicorum*. — *S. d. n. typ*. [Zainer, c. 1473-75.] H. *3133

336. BIBLIA germanica; in-fol. *Argentinæ*, 1485. — *S. typ*. H. *3138

337. BIBLIA germanica; in-fol. *Augustæ Vindelicorum*, Schônsperger, 1490. H. *3140

338. BIEL (Gabriel). Expositio sacri canonis missæ; in-fol. *Reutlingæ*, Joh. Otmar, 1488. H. *3178

339. ⸺ Expositio sacri canonis missæ; in-fol. *Tubingæ*, Fr. Meynberger, 1499. H. *3179

340. ⸺ Epitoma expositionis canonis missæ; in-4°. *Spiræ*, Conrad Hist. — *S. d*. H. *3182

341. ⸺ Sermones; in-4°. 1499. — *S. l. n. typ*. [*Tubingæ*, Joh. Otmar.] H. *3184

342. ⸺ Sermones; in-4°. *Tubingæ*, Joh. Otmar, 1500. H. *3185

343. ⸺ Tractatus de potestate et utilitate monetarum; in-4°. — *S. l. n. d. n. typ*. H. 3188

344. BIGUS (Ludovicus). Opusculorum christianorum libri decem; in-4°. *Mutinæ*, Dom. Roccociolus, 1498.

345. BLONY (Nicolaus de). Tractatus sacerdotalis de sacramentis deque divinis officiis et eorum administrationibus; in-fol. 1486.— *S. l*. [*Argentinæ*] *n. typ*. H. 3250

346. ⸺ Tractatus sacerdotalis de sacramentis; in-4°. *Argentinæ*, 1498. — *S. typ*. H. *3253

347. ⸺ Tractatus sacerdotalis de sacramentis; in-4°. *Argentinæ*, Martinus Flach, 1490. H. *3254

348. BOCCACIO (Giovanni). Il Decamerone; in-fol. *Venetia*, Manfredus de Bonellis de Monteferrato, 1498. .H. 3278

349. ⸺ Genealogiæ deorum libri XV; in-fol. *Regii*, 1481. — *S. typ*. H. *3319

350. ⸺ Genealogiæ ....; in-fol. *Venetiis*, Manfredus de Monteferrato, 1497. H. *3324

351. ⸺ Le liure de jehan Bocasse de la louenge et vertu des nobles et cleres dames; in-fol. *Paris*, Verard, 1493. H. 3337

352. ⸺ De casibus virorum illustrium; in-fol. — *S. l. n. d. n. typ*. [*Argentinæ*, G. Husner.] H. *3338

353. BOETHIUS (A. M. T. S.). De consolatione philosophiæ; in-fol. — *S. l. n. d. n. typ*. [*Basileæ*, M. Wenssler, 1470.] H. 3358

354. ⸺ De consolatione philosophiæ cum commento Thomæ de Aquino; in-4°. *Haganæ*, 1491. — *S. typ*. H. *3383

355. BOETHIUS (A. M. T. S.). De consolatione philosophiæ....; in-4°. *Norimbergæ*, Ant. Koberger, 1495. H. *3388

356. ⸺ De consolatione philosophiæ, et de disciplina scholarium; in-4°. *Daventriæ*, Jac. de Breda, 1491. Campbell, 313

357. ⸺ De consolatione philosophiæ; in-4°. *Coloniæ*, H. Quentell, 1497. H. *3390

358. ⸺ De disciplina scholarium; in-4°. — *S. l. n. d. n. typ*.

359. ⸺ De disciplina scholarium; in-4°. *Argentinæ*, 1491. — *S. typ*. H. *3422

360. BOLLANUS (Dominicus). Determinatio, beatam Virginem ab originali culpa esse præservatam; in-fol. — *S. l*. [*Coloniæ*?] *n. d. n. typ*. H. *3436

361. BONATUS (Guido). Liber astronomicus; in-4°. *Augustæ*, E. Ratdolt, 1491. H. *3461

362. BONAVENTURA (S.). Libri et tractatus varii; in-fol., 1484. — *S. l. n. typ*. [*Coloniæ*, Barth. de Unckel.] H. *3463

363. ⸺ Libri et tractatus varii; in-fol. *Coloniæ*, Joh. Kœlhoff, 1486. H. *3464

364. ⸺ Libri et tractatus varii; in-fol. *Argentinæ*, M. Flach, 1489. H. *3465

365. ⸺ Opuscula parva; in-fol. *Argentinæ*, 1495. — *S. typ*. H. *3468

366. ⸺ Biblia pauperum; in-4°. 1490. — *S. l. n. typ*. H. *3502

367. ⸺ Sermones de tempore et de Sanctis; in-4°, Joh. Zainer, 1481. — *S. l*. [*Ulmæ*.] H. *3513

368. ⸺ Sermones de tempore et de Sanctis; in-fol. *Reutlingæ*, 1484. — *S. typ*. H. *3515

369. ⸺ Sermones ....; in-fol. *Reutlingæ*, 1485. — *S. typ*. H. *3517

370. ⸺ Quæstiones super primo libro Sententiarum; in-fol. — *S. l. n. d. n. typ*. [*Eustadii*, Reyser, 1480.] H. *3536

371. ⸺ Quæstiones super secundo libro Sententarium; in-fol. *Venetiis*, Theodorus de Reynsburch et Reynaldus de Novimagio, 1477. H. *3538

372. ⸺ Perlustratio in libb. IV Sententiarum; in-fol. *Norimbergæ*, Ant. Koberger. — *S. d*. H. *3540

373. ⸺ Perlustratio in libb. IV Sententiarum; in-fol. *Friburgi*, Kilianus Piscator. — *S. d*. H. *3541

374. ⸺ Vita Christi; in-4°. — *S. l. n. d. n. typ*. H. *3550

375. ⸺ Vita Christi; in-4°. — *S. l. n. d. n. typ*. H. *3551

376. ⸺ Psalterium beatæ Virginis Mariæ; in-4°. — *S. l. n. d. n. typ*. H. *3568

3

377. BONIFACIUS VIII. Liber VI Decretalium; in-fol. — S. l. n. d. n. typ. [Argentinæ, Eggesteyn.] H. *3583

378. ⸺ Liber VI Decretalium; in-fol. — Norimbergæ, Ant. Koberger, 1482. H. *3603

379. ⸺ Liber VI Decretalium; in-4°. Venetiis, Barth. de Alexandria, Andreas de Asula et Maphaeus de Salodio, socii, 1482. H. 3604

380. ⸺ Liber VI. Decretalium ....; in-4°. Basileæ, Joh. de Amerbach et J. Froben, 1500. H. *3626

381. BRACK (Wenceslaas). Vocabularium Archonium nuncupatum....; in-fol. — S. l. n. d. [1483] n. typ. H. *3697

382. ⸺ Vocabularium Archonium; in-fol. 1483. — S. l. n. typ. H. *3700

383. ⸺ Vocabularium Archonium; in-fol. Spiræ, Drach, 1483 (incomplet). H. *3701

384. ⸺ Vocabularius rerum; in-4°, 1496. — S. l. n. typ. H. *3710

385. BRADWARDINUS (Thomas). Geometria speculativa; in-fol. Parisiis, Guido Mercator. 1495. H. 3712

386. BRANDON (S.). Leben; in-4°. Argentinæ, M. Hupfuff, 1499.

387. BRANT (Sebastianus). Varia carmina; in-4°. Basileæ, Bergman de Olpe, 1497. H. *3731

388. ⸺ De origine et conversatione bonorum regum et laude civitatis Hierosolimæ; in-4°. Basileæ, Bergman de Olpe, 1495. H. *3735

389. ⸺ Das neue schiff von Narragonia; in-4°. Argentinæ, 1494. — S. typ. [Gruninger.] H. 3743

390. ⸺ Stultifera navis; in-4°. Argentinæ. Joh. Gruninger, 1497. H. *3749

391. ⸺ Stultifera navis; in-4°. Basileæ, Joh. Bergman de Olpe, 1498. H. *3751

392. ⸺ La nef des folz du monde; in-fol. Parisiis, Jehan Philippe, Manstener et G. de Marnef, 1497. H. 3754

393. ⸺ Turcorum terror; in-4°. Basileæ, Bergman de Olpe, 1498.

394. BREVIARIUM Augustanum; in-fol. Augustæ Vindelicorum, Ratdolt, 1493. H. *3793

395. BREVIARIUM Basiliense. Pars hiemalis et æstivalis; in-fol. — S. l. n. d. n. typ. [Basileæ, Wenssler, 1478.] H. 3800

396. BREVIARIUM Basiliense; in-fol. Basileæ, Wenssler et Kilchen, 1488. H. 7842 et 3802

397. BREVIARIUM Cisterciense; in-8°. Basileæ, Petrus Kolligker, 1484. H. 7842 et H. *3821

398. BREVIARIUM Constantiense; in-fol. Augustæ Vindelicorum, Erhardus Ratdolt, 1499. H. 3830

399. BREVIARIUM Romanum; in-fol. Venetiis, Nic. Girardenghus, 1481. H. *3903

400. BREYDENBACH (Bernardus de). Opusculum sanctarum peregrinationum ad Sepulchrum Christi, germanice; in-fol. — S. l. n. d. n. typ. H. *3958

401. ⸺ Opusculum peregrinationum ...., germanice; in-fol. Moguntiæ, Erhard Reuwich, 1486. H. *3959

402. BRICOT (Thomas). Abbreviatus textus totius logicæ; in-4°. Parisiis, Petrus Levet, 1489. H. 3966

403. ⸺ Quæstiones logicales super duobus libris posteriorum Aristotelis; in-4°. Parisiis, Guill. de Bosco, 1494. H. *3970

404. ⸺ Textus abbreviatus Aristotelis super octo libris Physicorum et tota naturali philosophia; in-fol. Parisiis, Hopyl, 1494. H. 3971

405. ⸺ Cursus optimarum quæstionum super philosophiam Aristotelis; in-fol. — S. l. n. d. n. typ. [Basileæ, J. Amerbach.] H. *3975

406. BROMYARD (Johannes de). Summa prædicantium; in-fol. — S. l. n. d. n. typ. H. *3993

407. BURGO (Dionysius de). Commentarii in Valerium Maximum; in-fol. — S. l. n. d. n. typ. [Argentinæ, c. 1471.] H. *4103

408. BURIDANUS (Joh.). Quæstiones super Metaphysicam Aristotelis; in-4°. 232 ffnc., car. goth., 2 col. de 35 ll. — S. l. n. d. n. typ.

409. ⸺ Consequentiæ; in-4°. Parisiis, Caillaut. — S. d.

410. BURLÆUS (Gualtherus). De vita et moribus philosophorum et poetarum; in-4°. — S. l. n. d. n. typ. [Coloniæ, Ulr. Zell, c. 1475.] H. 4115

411. ⸺ De vita et moribus philosophorum; in-fol. — S. l. n. d. n. typ. [Eustadii, Reyser.] H. *4117

412. ⸺ De intensione et remissione formarum; in-fol. Venetiis, Bonetus Locatellus, imp. Oct. Scoti, 1496. H. 4141

413. ⸺ Super libros ethicorum Aristotelis; in-fol. Venetiis, Simon de Luere, imp. Andr. Torresani, 1500. H. *4144

414. BURY (Richardus de). Philobiblion; in-4°. — S. l. n. d. n. typ. [Spiræ, Joh. et Conrad Hist, c. 1483.] H. *4150

415. BUSCHIUS (Hermannus). Hecatostichon triplex de beatæ Mariæ Psalterio; in-4°. — S. l. n. d. n. typ. H. *4154

416. ⸺ Succincta et compendiaria vita Senecæ; in-4°. — S. l. n. d. n. typ.

417. BUSTI (Bernardinus de). Mariale; in-fol. — Argentinæ, M. Flach, 1496. H. *4161

418. ⸺ Mariale; in-fol. Argentinæ, Mart. Flach, 1498. H. *4162

419. ⸺ Rosarium sermonum prædicabilium; in-4°. Venetiis, Georgius Arrivabene, 1498. H. *4163

BUSTI. — Cf. Mariale.

C

420. CÆSAR (Julius). Commentaria de bello Gallico; in-fol. *Venetiis*, B. Fontana, 1499. H. 4224

421. ᴡ Commentarii de bello Gallico cum Julio Celso de vita et rebus gestis J. Cæsaris; in-fol. — *S. l. n. d. n. typ.* [*Esslingæ*, Fyner.] H. *4226

422. CÆSARIUS Cisterciensis. Dialogus miraculorum; in-fol. Johannes Kœlhoff, 1481. — *S. l.* [*Coloniæ*]. H. 4231

423. CALDERINUS (Johannes). Auctoritates Decretorum; in-fol. *Coloniæ*, Petrus de Olpe, 1470. H. 4246

424. ᴡ Repertorium juris; in-fol. *Spiræ*, P. Drach, 1481. H. *4247

425. CAMPANUS (Johannes). Opera omnia. *Venetiis*, Bern. Vercellensis. — *S. d.* H. *4285

426. ᴡ Opera omnia; in-fol. *Romæ*, Eucharius Silber, 1495. H. 4286

427. CAPISTRANIS (Joh. de). Tractatus de cupiditate. — *S. l. n. d. n. typ.* [*Coloniæ*, J. Kœlhoff, 1482?] H. 4376

428. CAPRANICA (Dominicus). Ars bene moriendi; in-fol. — *S. l. n. d. n. typ.* [*Esslingæ*, Fyner.] H. *4387

429. CAPREOLUS (Helias). De confirmatione Christianæ fidei; in-4°. *Parisiis*, Aliate. — *S. d.*

430. CAPREOLUS (Joh.). Commentaria in IV libb. Sententiarum seu libb. IV defensionum theologiæ s. Thomæ de Aquino; in-fol. *Venetiis*, O. Scot, 1483. H. *4410

431. CARACCIOLUS (Robertus). Quadragesimale, de pœnitentia dictum; in-fol. — *S. l. n. d. n. typ.* [*Argentinæ*, 1473.] H. *4418

432. ᴡ Quadragesimale, de pœnitentia; in-fol. — *S. l. n. d. n. typ.* [*Basileæ*, B. Rodt?] H. *4419

433. ᴡ Quadragesimale, de pœnitentia; in-fol. — *S. l. n. d. n. typ.* [*Basileæ*, B. Rodt?] H. *4420

434. ᴡ Quadragesimale, de pœnitentia; in-fol. — *S. l. n. d. n. typ.* [*Argentorati*, G. Husner.] H. *4421

435. ᴡ Quadragesimale, de pœnitentia; in-fol. *Basileæ*, B. Richel, 1475. H. *4432

436. ᴡ Quadragesimale, de pœnitentia; in-fol. *Argentinæ*, 1485. — *S. typ.* H. *4436

437. ᴡ Quadragesimale, de peccatis; in-4°. *Venetiis*, Andreas Torresanus, 1483. H. *4439

438. ᴡ Quadragesimale, de peccatis; in-8°. Tertio nonarum decembris, 1490. — *S. l. n. typ.* H. 4442

439. ᴡ Sermones Quadragesimales, de Adventu, de timore Dei, *etc.*; in-4°. *Venetiis*, Joh. et Gregorius de Gregoriis, 1490. H. *4464

440. CARACCIOLUS (Robertus). Sermones de Adventu et de festivitatibus a Nativitate usque ad Epiphaniam, *etc.*; in-fol. — *S. l. n. d. n. typ.* [*Argentinæ*, M. Schott.] H. *4471

441. ᴡ Sermones de Adventu ....; in-fol. — *S. l. n. d. n. typ.* [*Lugduni*, Nicolaus Philippi.] H. *4472

442. ᴡ Sermones de laudibus Sanctorum; in-fol. *Spiræ*, P. Drach, 1490. H. *4484

443. ᴡ Sermones de laudibus Sanctorum; in-fol, *Basileæ*, N. Kessler, 1490. H. *4485

444. ᴡ Sermones de laudibus Sanctorum; in-fol. *Augustæ*, A. Sorg, 1490. H. *4486

445. ᴡ Sermones varii; in-8°. *Venetiis*, Georgius Arrivabene, 1496. H. *4491

446. ᴡ Sermones varii; in-4°. *Lugduni*, J. Clein, 1500. H. 4492

447. CARCHANO (Michael de). Quadragesimale seu sermonarium duplicatum; in-4°. *Venetiis*, Nicolaus de Franckfordia, 1487. H. *4506

448. ᴡ Quadragesimale ....; in-4°. *Venetiis*, Georgius Arrivabene, 1496. H. *4507

449. ᴡ Quadragesimale ....; in-fol. *Basileæ*, Michael Wenssler, 1479. H. *4509

450. CASSIANUS (Joh.). De institutis cœnobiorum; in-fol. *Basileæ*, 1485. — *S. typ.* [De Amerbach.] H. *4562

451. CASSINENSIS de Cassinis (Samuel). Quæstio copiosa de immortalitate animæ; in-4°. *Mediolani*, 1481. — *S. typ.* H. 4569

452. — CASSIODORUS (M. Aurelius). Historia tripartita ecclesiastica ex Socrate, Sozomeno et Theodoreto; in-4. Georgius Wolff. — *S. l. n. d.* H. *4570

453. ᴡ Historia tripartita ecclesiastica; in-fol. — *S. l. n. d. n. typ.* [*Argentinæ*, M. Flach.] H. *4572

454. ᴡ Historia tripartita ecclesiastica; in-fol. *Augustæ*, Joh. Schussler, 1472. H. *4573

455. ᴡ Historia tripartita ecclesiastica; in-fol. *Basileæ*, Joh. de Amerbach, 1491. H. *4574

456. ᴡ Historia tripartita ....; in-8°. *Parisiis*, F. Regnault. — *S. d.*

457. CASTRO (Paulus de). Consilia et allegationes; in-fol. *Norimbergæ*, A. Koberger, 1485. H. *4641

458. CASUS summarii Decretalium Sexti et Clementinarum; in-fol. *Basileæ*, M. Wenssler, 1479. H. *4658

459. CASUS summarii ...; in-fol. *Argentinæ*, in die ss. Viti et Modesti, 1485. — *S. typ.* H. *4660

460. CATO cum glossa et moralisatione; in 4°. *Coloniæ*, H. Quentell, 1493. H. 4732

461. CATO moralissimus, teutonice; in-4°. *Reutlingæ*, Michael Gryff, 1494. H. 4746

462. CATO. Disticha moralia, teutonice; in-4°. *Reutlingæ*, Joh. Otmar, 1495. H. 4747

463. CELTES (Conradus). Panegyris ad Duces Bavariæ; in-4. *Augustæ*, Erhardus Ratdolt. — *S. d.* H. 4841

464. CEPOLLA (Bartholomæus). Cautele juris; in-4°. *Lugduni*, Hemundus David, 1495.

465. CHAMPERIUS (Symphorianus). Opuscula; in-4°. *Lugduni*, Guill. Balsarin, 1498.

466. CHRONICA von allen Königen und Kaisern von Anfang Roms, etc.; in-4°. *Argentinæ uff Gruneck*. — *S. d. n. typ.* H. *4993

467. CHRYSOSTOMUS (Joh.). Sermones de patientia Job; in-fol. *Coloniæ*, Joh. Kœlhoff, 1487. H. *5027

468. ᵥᵥᵥ Homiliæ XXXXIIII super Psalmum *Miserere*, etc; in-fol. — *S. l. n. d. n. typ.* [*Basileæ*, Amerbach?] H. *5028

469. ᵥᵥᵥ Homiliæ in epistolam s. Pauli ad Ebræos; in-fol. — *S. l. n. d. n. typ.* [*Basileæ*, Amerbach?] H. *5029

470. ᵥᵥᵥ Homiliæ LXX in evangelium s. Matthæi, Georgio Trapezuntio interprete; in-fol. — *S. l. n. d. n. typ.* (*Argentinæ*, Mentelin), H. *5034

471. ᵥᵥᵥ Sermones XXV e græco latine versi a Christoph. Persona; in-fol. — *S. l. n. d. n. typ.* [*Coloniæ*, Kœlhoff.] H. *5040

472. ᵥᵥᵥ Sermones XXV; in-4°. *Bononiæ*, Balthasar Azzoguidus, 1475. H. *5043

473. ᵥᵥᵥ De compunctione cordis; in-8° — *S. l. n. d. n. typ.* H. *5046

474. ᵥᵥᵥ Liber dialogorum s. Chrysostomi et s. Basilii; in-fol. — *S. l. n. d. n. typ.* H. *5050

475. CICERO (M. T.). Rhetorica vetus et nova cum commentariis Fabii Victorini; in-fol. *Venetiis*, Marinus Saracenus, 1487. H. *5079

476. ᵥᵥᵥ Rhetorica vetus et nova cum commentariis Hieronymi Capiduri et M. Fabii Victorini; in-fol. *Venetiis*, Guill. de Tridino, 1490. H. *5081

477. ᵥᵥᵥ Rhetorica vetus et nova cum tribus commentariis Maturantii, Mancinelli et Victorini; in-fol. Jacobinus Suigus et Nicolaus de Benedictis, 1497. — *S. l.* [*Taurini?*] H. 5084

478. ᵥᵥᵥ De oratore cum commentario Omniboni Leoniceni; Topica, *etc.*; in-fol. *Venetiis*, Bartholomæus Alexandrinus, et Andreas Torresanus, 1485. H. *5107

479. ᵥᵥᵥ De Oratore cum commentario Omniboni Leoniceni; de perfecto oratore; Topica, *etc.*; in-fol. *Venetiis*, Antonius de Strata, 1495. H. 5110

480. CICERO (M. T.). Orationes contra Verrem; in-fol. *Venetiis*, Bartholomæus de Zanis, 1496. H. 5133

481. ᵥᵥᵥ Epistolæ ad familiares cum commentariis Ubertini Clerici Philetici et Merulæ....; in-fol. *Venetiis*, 1481. — *S. typ.* H. *5202

482. ᵥᵥᵥ Epistolæ familiares cum commento; in-fol. *Venetiis*, Bartholomæus de Zanis, 1492. H. *5203

483. ᵥᵥᵥ De Officiis; in-fol. *Parisiis*, Georgius Wolff, 1498. H. 5282

484. ᵥᵥᵥ De Officiis cum commentariis Petri Marsi; de Senectute cum notis Philetici; de Amicitia cum notis Omniboni Leoniceni; in-fol. *Venetiis*, Bern. Ricius de Novaria et Bernardinus Cellerius, 1484. H. *5274

485. ᵥᵥᵥ De Officiis; 80 ffnc, car. goth., 26 ll. l., sign. A-K, tit. cour.; in-fol. — *S. l. n. d. n. typ.*

486. ᵥᵥᵥ De Senectute; de Amicitia; somnium Scipionis, Paradoxa et versus XII Sapientum; in-4°. *Coloniæ*, 8 maii 1490. — *S. typ.* H. *5295

487. ᵥᵥᵥ De Senectute; in-4°. — *S. l. n. d. n. typ.* [*Coloniæ*, U. Zell. 1473.] H. 5305

488. ᵥᵥᵥ De Senectute; in-4°; 32 ffnc, car. goth., 26 ll. l.; sign. A-D., tit. cour. — *S. l. n. d. n. typ.*

489. ᵥᵥᵥ Paradoxa; in-4°. 16 ffnc; car. goth., 26 ll. l.; sign. A-B; tit. cour. — *S. l. n. d. n. typ.*

490. ᵥᵥᵥ De somnio Scipionis; in-4°. (Edition d'écolier à larges interlignes): 24 ffnc., car. rom., 27 ou 15 ll. l., sign. A-C. — *S. l. n. d. n. typ.*

491. ᵥᵥᵥ Tusculanæ quæstiones cum commentariis Anonymi; in-fol. *Venetiis*, 1491. — *S. typ.* H. *5318

492. ᵥᵥᵥ Tusculanæ quæstiones cum commentariis Phil. Beroaldi; in-fol. *Bononiæ*, Benedictus Hectoris, 1496. H. *5323

493. CLAVASIO (Angelus de). Summa angelica de casibus conscientiæ; in-4°. *Venetiis*, Nicolaus de Franckfordia, 1487. H. *5383

494. ᵥᵥᵥ Summa angelica; in-fol. *Norimbergæ*, A. Koberger, 1488. H. *5385

495. ᵥᵥᵥ Summa angelica; in-fol. *Spiræ*, 1488. — *S. typ.* H. 5386

496. ᵥᵥᵥ Summa angelica; in-fol. *Argentinæ*, Martinus Flach, 1489. H. *5388

497. ᵥᵥᵥ Summa angelica; in-fol. *Argentinæ*, M. Flach, 1491. H. *5391

498. ᵥᵥᵥ Summa; in-8°. *Venetiis*, Georgius Arrivabene, 1495. H. *5398

499. ᵥᵥᵥ Summa angelica; in-4°. *Lugduni*, 16 februarii 1497. — *S. typ.*

500. CLAVASIO (Angelus de). Summa...;
in-fol. *Argentinæ*, M. Flach, 1498. H. *5399

501. ↳ Summa...; in-8°. *Venetiis*, Paganinus de Paganinis, 1499. H. *5401

502. CLEMENS V Papa. Constitutiones. —
S. l. n. d. n. typ. [*Argentinæ*, Eggesteyn.] H. *5407

503. ↳ Constitutiones; in-fol. *Spiræ*, Petrus Drach, 1481. H. *5425

504. ↳ Constitutiones; in-fol. *Venetiis*, Bartholomæus de Alexandria, Andreas de Asula et Maphaeus de Salodio, 1482. H. *5428

505. ↳ Constitutiones; in-fol. *Venetiis*, Baptista de Tortis, 1484. H. *5433

506. CLICHTOVÆUS (Iodocus). In terminorum cognitionem introductio et de artium divisione introductio, etc.; in-4°. *Parisiis*, Guido Mercator, 1500. H. *5465

507. COLUMBUS (Christophorus). Epistola de insulis nuper repertis, teutonice; in-4°. *Argentinæ*, Bartholomæus Kistler, 1497. H. *5493

508. COLUMNA (Guido de). Historia trojana; in-fol. *Argentinæ*, circa festum s. Jacobi, 1494. — *S. typ.* H. *5511

509. COMESTOR (Petrus). Historia scholastica; in-fol. — *S. l. n. d. n. typ.* [*Argentinæ*, 1474.] H. *5529

510. ↳ Historia scholastica; in-fol. — *S. l. n. d. n. typ.* [*Coloniæ*, U. Zell.] H. *5530

511. ↳ Historia scholastica; in-fol. *Argentinæ*, Johannes Gruninger, 1480. H. *5532

512. ↳ Historia scholastica; in-fol. *Argentinæ*, post festum sancti Mathiæ, 1485. — *S. typ.* H. *5533

513. ↳ Historia scholastica; in-fol. *Basileæ*, 1486. — *S. typ.* [Michael Wenssler.] H. *5535

514. ↳ Compendium juris canonici; in-fol. *Argentinæ*, in die s. Appolloniæ, 1499. — *S. typ.* H. *5558

515. COMPOTUS; in-4°. *Lugduni*, Joh. de Vingle, 1488. H. 5594

COMPOTUS. — Cf. ANIANUS et AVIANUS.

516. CONCILII basiliensis Decreta; in-4°, 1499. — *S. l. n. typ.* H. 5605

517. CONCOREGIO (Joh. de). Opus de ægritudinibus particularibus; in-folio. *Papiæ*, Antonius de Carchano, 1485. H. *5615

518. CONRADUS de Alemannia. Concordantiæ Bibliorum; in-fol. — *S. l. n. d. n. typ* [*Argentinæ*, Mentelin, 1475.] H. *5629

519. ↳ Concordantiæ Bibliorum; in-fol. — *S. l. n. d. n. typ.* H. *5630

520. ↳ Concordantiæ Bibliorum; in-fol. *Norimbergæ*, A. Koberger, 1485. H. *5632

521. CONRADUS de Alemannia. Concordantiæ Bibliorum; in fol. *Basileæ*, Johannes Petri et Joh. Froben, 1496. H. *5633

522. CONSOBRINUS (Joh.). Tractatus de justitia commutativa et de arte campsoria; in-8°. *Parisiis*, Guido Mercator, 1496. H. 5644

523. CORDIALE; in-4°. 104 ffnc., car. rom., 36 ll. l., sign. a-n. — *S. l. n. d. n. typ.*

524. CORONA beatæ Virginis Mariæ; in-fol. — *S. l. n. d. n. typ.* H. *5746

525. CORONA b. Mariæ; in-fol. — *S. l. n. d. n. typ.* H. *5747

526. CORONA b. Mariæ; in-fol. *Argentinæ*, in octava s. Laurentii, 1493. — *S. typ.* H. *5748

527. CORPUS Christi. Tractatus de corpore Christi, auctore Dozolt, cum Augustino; in-4°. *Parisiis*, Georgius Mittelhus. — *S. d.* H. 5754

528. CORVINUS (Laurentius). Cosmographia dans manuductionem in tabulas Ptolemæi; in-4°. — *S. l. n. d. n. typ.* H. *5778

529. ↳ Carmen; in-4°. *Lipsiæ*, J. Thanner, 1500.

530. CRACOVIA (Matthæus de). Dialogus rationis et conscientiæ de frequenti usu communionis; in-4°. — *S. l. n. d n. typ.* [*Moguntiæ*, Joh. Guttenberg.] H. *5803

531. ↳ Dialogus rationis et conscientiæ; in-4°. — *S. l. n. d. n. typ.* H. *5807

532. CRASTONUS (Johannes). Lexicon græco-latinum; in-fol. — *S. l. n. d. n. typ.* [*Mediolani*, 1480?] H. *5812

533. ↳ Vocabulista latino-græcus; in-4°. *Regii*, Dionysius Bertochus, 1497. H. 5817

534. CREMONA (Simon de). Postilla super evangelia ac epistolas omnium dominicarum; in-fol. *Reutlingæ*, 6ª maii 1484. — *S. typ.* [Otmar?] H. *5823

535. CRESCENTIIS (Petrus de). Opus ruralium commodorum; in-fol. — *S. l. n. d. n. typ.* H. 5826

536. CULTRIFICIS (Engelbertus). Epistola declaratoria et defensoria jurium et privilegiorum fratrum mendicantium; in-4°. *Reutlingæ*, Joh. Otmar, 1492. H. *5832

537. CYPRIANUS (Cæcilius). Epistolæ; in-fol. — *S. l. n. d. n. typ.* [*Memmingen*, Albertus Kunne.] H. *5893

538. ↳ De duodecim abusionibus sæculi, teutonice; in-4°. *Reutlingæ*, Joh. Otmar. 1492. H. 5901

539. CYRILLUS. Speculum sapientiæ; in-fol. — *S. l. n. d. n. typ.* [*Augustæ*, A. Sorg.] H. *5905

D

· DAGUI. — Cf. GUI.

540. [DAMASCENUS JOHANNES.] Liber gestorum Barlaam et Josaphat; in-4°. — *S. l. n. d. n. typ.* [*Argentinæ*, Eggesteyn.]   H. *5913

541. ~~ Barlaam et Josaphat; in-fol. — *S. l.* [*Spiræ*] *n. d. n. typ.*   H. *5914

542. DATUS (Augustinus). Elegantiæ minores; in-4°. Conradus Hist, 1496. — *S. l.* [*Spiræ.*]   H. *6009

543. DECLARATIO modi et formæ venditionis ac emtionis redituum perpetuorum et vitalium; in-fol. — *S. l. n. d. n. typ.* [*Coloniæ*, A. Terhoernen.]   H. *6066

544. DEFECTUS in missa occurrentes; in-fol. — *S. l. n. d. n. typ.* [*Eustadii*, Reyser.]   H. *6073

545. DEFENSIO immunitatis et libertatis ecclesiasticæ statusque sacerdotalis; in-4°. — *S. l. n. d. n. typ.*   H. *6081

546. DESTRUCTIO naturarum communium contra reales; in-4°; 16 ff., car. goth., 2 col. de 47 ll., sign. a-b. — *S. l. n. d. n. typ.*

547. DICTIONARIUS pauperum; in-4°. *Parisiis*, Felix Baligault. — *S. d.*

548. DIOMEDES. Grammatica; in-fol. *Venetiis*, Andreas Torresanus, 1495.   H. *6219

(Hain a omis de citer le nom de l'imprimeur qui est parfaitement indiqué dans le colophon.)

549. DIONYSIUS Afer. Cosmographia seu de situ orbis, interprete Antonio Beccharia; in-4°. *Venetiis*, E. Ratdolt, 1477.   H. *6226

550. DIONYSIUS Areopagita. Opera quædam, Ambrosio Camaldulensi interprete; in-fol. *Parisiis*, Johannes Higman et Wolfgang Hopyl, 1498.   H. *6233

551. DIONYSIUS Nestor. Vocabularium; in-fol. *Venetiis*, Philippus Pincius, 1496.   H. *6255

552. DIRECTORIUM breviarii Basiliensis; in-4°. *Basileæ*, M. Wenssler, 1480.   H. *6266

553. DRACOLE Waida, teutonice; in-4°. *Argentinæ*, 1500. — *S. typ.* [Kistler?]

554. DREISCHE (Jacobus van den). De Psalterio Virginis Mariæ; in-4°. *Coloniæ*, A. Terhoernen, 1478.   H. 6409 et *15851

555. DUNS (Joh.) Scotus. Scriptum in IV libros Sententiarum; in-fol. *Venetiis*, Joh. de Colonia et Joh. Manthen, 1477-1478. H.* 6416

556. ~~ In IV libb. Sententiarum; in-fol. *Norimbergæ*, A. Koberger, 1481.   H. *6417

557. DUNS (Joh.) Scotus. In IV libb. Sententiarum; in-fol. *Venetiis*, Joh. de Colonia, Nic. Jenson, et socii, 1481.   H. *6418

558. ~~ In quartum librum Sententiarum Petri Lombardi; in-fol. Michael Friburger, Martinus Crantz, et Udalricus Gering. — *S. l. n. d.* [*Parisiis*, 1472?]   H. 6428

559. ~~ In quartum librum Sententiarum; in-fol. *Parisiis*, A. Bocard, 1497.   H. 6431

560. ~~ Quotlibeta quæstiones; in-fol. *Norimbergæ*, A. Koberger, 1481.   H. *6435

561. ~~ Quæstiones super universalibus Porphyrii ac libris Prædicamentorum periermenias Aristotelis; in-fol. — *S. l. n. d. n. typ.* [*Venetiis*, Johannes Persan Dauvome.]   H. 6440

562. ~~ Quæstiones super... Porphyrii; in-4°. *Venetiis*, Andreas Torresanus de Asula, 1500.   H. 6447

563. ~~ Quæstiones in Metaphysicam Aristotelis; in-fol. *Venetiis*, Bonetus Locatellus, 1497.   H. *6450

564. DURANDUS (Guillelmus). Rationale divinorum officiorum; in-fol. — *S. l. n. d. n. typ.* [Imprimeur à l'*R* bizarre, 1464.]   H. *6461

565. ~~ Rationale; in-fol. — *S. l. n. d. n. typ.* [*Argentinæ*, Husner.]   H. *6462

566. ~~ Rationale; in-fol. — *S. l. n. d. n. typ.* [*Basileæ*, 1477.]   H. *6463

567. ~~ Rationale; in-fol. — *S. l. n. d. n. typ.* [*Basileæ.*]   H. *6464

568. ~~ Rationale; in-fol. — *S. l. n. d. n. typ.* [*Argentinæ*, 1483.]   H. *6469

569. ~~ Rationale; in-fol. *Reutlingæ*, Joh. Zainer, 1475.   H. *6475

570. ~~ Rationale; in-fol. 1479. — *S. l. n. typ.*   H. *6481

571. ~~ Rationale; in-fol. *Argentinæ*, 1486. — *S. typ.*   H. *6491

572. ~~ Rationale; in-fol. *Argentinæ*, in die s. Ægidij, 1488. — *S. typ.*   H. *6494

573. ~~ Rationale; in-fol. *Argentinæ*, sexta feria ante festum Mariæ Magdalenæ, 1493. — *S. typ.*   H. *6496

574. ~~ Rationale; in-fol. Perrinus Lathomi, Bonifacius Johannis, Johannes de Villa-Veteri, 1494. — *S. l.* [*Venetiis.*]   H. *6499

575. ~~ Speculum judiciale; in-fol. *Patavii*, Johannes Herbort, 1479.   H. *6511

576. ~~ Speculum judiciale; in-fol. *Norimbergæ*, A. Koberger, 1486.   H. *6512

E

577. EBERSBACH (Johannes Curtus de). De figuris rhetoricis; in-fol. — *S. l. n. d. n. typ.* [1493.] H. *6525

578. EBRARDUS (Ulricus). Modus latinitatis seu grammatica nova...; in-4° *(incomplet).* — *S. l. n. d. n. typ.* [*Coloniæ,* Quentell?]

579. EPHREM (S.). De compunctione cordis, de judicio Dei et resurrectione...; in-fol. — *S. l. n. d. n. typ.* [*Basileæ,* Johannes Amerbach.] H. *6597

580. EPISTOLA de miseria curatorum seu plebanorum; in-4°. — *S. l. n. d. n. typ.* H. *6611

581. ERKLÄRUNG der XII Artikeln des christlichen Glaubens; in-fol. *Ulm,* Conrad Dinkmuth, 1485. H. *6668

582. ESCHUID (Joh.). Summa astrologiæ judicialis; in-fol. *Venetiis,* Joh. Santritter, 1489. H. *6685

583. EUCLIDES. Elementa geometriæ, latine, cum Campani annotationibus; in-fol. *Venetiis,* E. Ratdolt, 1482. H. *6693

584. EUSEBIUS Pamphilus. De præparatione evangelica, Georgio Trapezuntio interprete; in-fol. *Venetiis,* 10 nov. 1500. — *S. typ.* H. *6707

585. EUSEBIUS Cremonensis. Epistola ad Damasum de morte Hieronymi...; in-4°, 1486. — *S. l. n. typ.* [*Delft,* Christ. Snellaert.] Campbell, *710; H. 6722

586. ⚹ Epistola de morte Hieronymi...; in-4°; 80 ffnc., car. goth., 28 ll. l., sign. A-K. — *S. l. n. d. n. typ.* [*Antverpiae,* M. Van der Goes?]

587. EXHORTATIO de celebratione missæ per modum dialogi inter Pontificem et sacerdotem; in-4°, 1482. — *S. l. n. typ.* [*Argentinæ,* Henricus Knoblochzer.] H. 6776

588. EXPOSITIO hymnorum; in-4°; car. goth., ll. l. — *S. l. n. d. n. typ.*

589. EXPOSITIO missæ; in-fol. — *S. l. n. d. n. typ.*

590. EXPOSITIO officii missæ sacrique canonis, auctore Vincentio Grüner; in-fol. — *S. l.* [*Argentinæ.*] *n. d. n. typ.* H. *6808

591. EXPOSITIO officii missæ ....; in-fol. *Reutlingæ,* Joh. Otmar, 1483. H. 6810

592. EYB (Albertus de). Margarita poetica; in-fol. Kal. januarii, 1493. — *S. l. n. typ.* H. *6824

593. ⚹ Margarita poetica; in-fol. *Basileæ,* Joh. de Amerbach, 1495. H. *6825

F

594. FABER (Jacobus) Stapulensis. Ars suppositionum cum annotationibus Caroli Bovilli; in-4°. *Parisiis,* Parvus et Baligault, 1500.

595. ⚹ Introductio in suppositiones...; in-4°. *Parisiis,* Joh. Higman et Wolfgang Hopyl, 1500.

596. ⚹ Ars moralis ex Aristotele; in-4°. *Parisiis,* Guido Mercator, 1499. H. 6838

597. FABRICA (Joh. de). De indulgentiis pro animabus in purgatorio; in-fol. — *S. l. n. d. n. typ.* [*Moguntiæ,* P. Schoiffer.] H. *6876

598. FACETUS (auctore Reinerio Alemanno); in-4°. *Coloniæ,* Henricus Quentell, anno etc. (sic). — *S. d.* H. *6885

599. FACETUS; in-4°. *Basileæ,* Jacobus de Pfortzen, 1498. H. 6894

600. FACETUS, latine et teutonice; in-4°. *Basileæ,* M. Furter. — *S. d.*

601. FACINUS Tiberga. In Alexandrum (Gallum) interpretatio ex Prisciano; in-4°. *Parisiis,* Berthold Rembolt, 1500.

602. FAGIFACETUS seu de facetiis et moribus mensæ; in-4°. 1490. — *S. l. n. d. n. typ.* [*Basileæ,* M. Furter.] H. *6900

FARINATOR. — Cf. Lumen Animæ.

603. FASCICULUS temporum auctore W. Rolevinck; in-fol. — *S. l. n. d. n. typ.* [1490.] H. *6916

604. FASCICULUS temporum; in-fol. *Spiræ,* P. Drach, 1477. H. *6921

605. FASCICULUS temporum; in-fol. *Coloniæ,* H. Quentell, 1481. H. *6929

606. FASCICULUS temporum; in-fol. 1481. — *S. l. n. typ.* H. 6930

607. FASCICULUS temporum; in-fol. *Venetiis,* E. Ratdolt, 1484. H. *6934

608. FASCICULUS temporum, in-fol. *Argentinæ,* Joh. Pruss, 1488. H. *6937

609. FASCICULUS temporum teutonice; in-fol. *Basileæ,* B. Richel, 1481. H. *6939

— 24 —

610. FELICIANUS ord. Prædicatorum. Tractatus de divina Providentia; in-4°. — *S. l. n. d. n. typ.* [*Augustæ*, A. Sorg.] H. *6951

611. FERRARIIS (Joh.-Petrus de). Practica nova judicialis cum additionibus Francisci de Curte; in-4°. *Lugduni*, Joh. de Vingle, 1499. H. 6996

612. FERRERIUS (Vincentius). Sermones de tempore; in-fol. *Argentinæ*, 1485. — *S. typ.* H. †7000

613. ⁓ Sermones; in-fol. *Coloniæ*, 1485. — *S. typ.* H. *7001

614. ⁓ Sermones; in-fol. *Coloniæ*, 1487. — *S. typ.* H. *7002

615. ⁓ Sermones; in-fol. *Argentinæ*, 1493. — *S. typ.* H. *7009

616. ⁓ De fine mundi, teutonice; in-4°. 1486. — *S. l. n. typ.* [*Augustæ*, Antonius Sorg.] H. *7022

617. FICINUS (Marsilius). Epistolæ; in-fol. *Venetiis*, Matthæus Capcasa, 1495. H. *7059

618. ⁓ De triplici vita; in-4°. — *S. l. n. d. n. typ.* H. *7063

619. ⁓ De Christiana religione; in-4°. *Venetiis*, Otinus de Luna, 1500. H. *7070

620. ⁓ Liber de sole et lumine; in-4°. *Florentiæ*, Ant. Miscominus, 1493. H. 7079

621. FIRMARIA (Henricus de). Passio Domini litteraliter et moraliter explanata; in-4°. *Oppenhcym.* — *S. d. n. typ.* [Kœbel.] H. *7123

622. FLANDRIA (Dominicus de). Quæstiones metaphysicales in Aristotelem de anima; in-fol. *Venetiis*, 1499. — *S. typ.* [Alexander Calcedonius?] H. *7125

623. FLISCUS (Stephanus). Synonyma; in-4°. — *S. l. n. d. n. typ.* H. *7139

624. ⁓ Synonyma; in-4°. — *S. l. n. d. n. typ.* [*Eustadii*, Reyser.] H. *7138

625. FLORENTINUS (Paulus). Breviarium totius juris canonici; in-fol. *Memmingen*, Albertus Kunne, 1486. H. *7161

626. ⁓ Expositio in Psalmos pœnitentiales; in-fol. *Mediolani*, Antonius Zarotus, 1479. H. 7164

627. FLORES musicæ; in-4°. *Argentinæ*, Johannes Pruss, 1488. H. *7174

628. FLORUS (Lucius Annæus). Epitome rerum romanarum; in-fol. *Lipsiæ*, Jacobus Thanner. — *S. d.* H. *7202

629. FONTE (Johannes de). Compendium IV libb. Sententiarum; in-fol. — *S. l. n. d. n. typ.* [*Augustæ*, G. Zainer, 1469?] H. *7225

630. FORMULARE und Tutsch rhetorica; in-fol. *Argentinæ*, H. Knoblochzer, 1483.

FRONTINUS. — Cf. Vitruvius.

G

631. GAGUINUS (Robertus). De arte metrificandi; in-4°. *Parisiis*, Felix Baligault. — *S. d.* H. *7420

632. ⁓ Opera varia; in-4°. *Parisiis*, Durandus Gerlier, 1498. H. *7425

633. GALLENSIS (Johannes). Communiloquium seu Summa collationum; in-fol. *Argentinæ*, in die sancti Urbani, 1489. — *S. typ.* H. *7444

634. GALLUS abbas Cisterciensis. Dialogus Malogranatum dictus; in-fol. — *S. l. n. d. n. typ.* [*Argentinæ*, Eggesteyn, 1478.] H. *7449

635. GANDAVO (Johannes de). Quæstiones in libros Physicorum Aristotelis; in-fol. *Venetiis*, Johannes Santritter, Hieronymus de Sanctis, etc., 1488. H. 7457

GASPARINUS. — Cf. Barzizius.

636. GELLIUS (Aulus). Noctes atticæ; in-fol. *Venetiis*, Johannes Tacuinus, 1496. H. *7526

637. ⁓ Noctes atticæ; in-fol. *Venetiis*, Phil. Pincius, 1500. H. 7527

638. GEMINIANO (Dominicus de Sancto). Lecturæ super sexto Decretalium. Pars prima; in-fol. *Venetiis*, Andreas de Sociis, 1485. H. *7533

639. GEMINIANO (Joh. de S.). Summa de exemplis et similitudinibus rerum; in-4°. *Venetiis*, Johannes et Gregorius de Gregoriis, 1497. H. *7545

640. ⁓ Summa de exemplis; in-4°. *Basileæ*, Joh. Petri et Joh. Froben, 1499. H. *7546

641. GENTILIS de Fulgineo. Tractatus de febribus; in-fol. *Paduæ*, 1486. — *S. typ.*

642. GEORGIUS Bruxellensis. Expositio super Logicam Aristotelis cum commentariis Thomæ Bricot; in-4°. *Parisiis*, F. Baligault, 1493.

643. ⁓ Expositio super summulas Petri Hispani; in-4°. *Parisiis*, F. Baligault, 1493.

644. ⁓ Expositio super summulas Petri Hispani; in-4°. *Lugduni*, P. Mareschal et Barnaba Chaussard, 1497.

GEORGES de Nuremberg. — Cf. Joerg....

645. GEORGIUS Trapezuntius. De partibus orationis ex Prisciano compendium; in-4°. *Mediolani*, 1472. — *S. typ.* H. 7605

646. ⁓ Commentarii in Philippicas Ciceronis; in-4°. *Venetiis.* — *S. d. n. typ.* [Nicolaus Jenson.] H. *7610

647. GERICHTSORDNUNG ; in-fol. *Argentinæ*, H. Knoblochzer. — *S. d.* [1482?] H. 7619

648. GERSON (Johannes). Opera ; in-fol. *Coloniæ*, Joannes Kœlhoff, 1483. H. *7621

649. ⁓ Opera; in-fol. *Argentinæ*, Mathias Schurer, 1488-1502. H. *7622

650. ⁓ Opera; in-4°. *Argentinæ*, 1489. — *S. typ.* H. *7623

651. ⁓ Opera; in-fol. *Basileæ*, N. Kessler, 1489. H. *7624

652. ⁓ Opera ; in-fol. *Argentinæ*, Martinus Flach, 1494. H. *7625

653. ⁓ Alphabetum divini amoris; in-fol. — *S. l. n. d. n. typ.* [*Argentinæ*, Eggesteyn.] H. *7632

654. ⁓ Conclusiones de diversis materiis moralibus seu de regulis mandatorum s. libellus canonum moralium ; in-fol. — *S. l. n. d. n. typ.* [*Augustæ*, Joh. Wiener.] H. *7642

655. ⁓ De regulis mandatorum ; in-4°. — *S. l. n. d. n. typ.* [*Spiræ*, Hist.] H. *7644

656. ⁓ De arte moriendi; in-4°, 1482. — *S. l. n. typ.* [*Argentinæ*, Henricus Knoblochzer.] Diffère de H. *7658

657. ⁓ De remediis contra pusillanimitatem...; in-4°. — *S. l. n. d. n. typ.* [*Lovanii*, Joh. Veldener seu Joh. de Westphalia.] Campbell, 813 ; H. *7706

658. ⁓ De remediis; in-fol., 8 ff., car. rom., 34 ll. 1. — *S. l. n. d. n. typ.*

659. ⁓ Monotessaron ; in-fol. — *S. l. n. d. n. typ.* [*Coloniæ*, Terhoernen.] H. *7719

660. ⁓ Sermo de passione Domini cum sermone s. Bernardi de planctu Mariæ ; in-4°; 18 ffnc., car. goth., 2 col. de 49 ll., sign. A-B, tit. cour. — *S. l. n. d. n. typ.*

GERSON. — Cf. IMITATIO CHRISTI.

661. GESTA Romanorum cum applicationibus moralisatis et mysticis; in-fol. — *S. l. n. d. n. typ.* H. *7741

662. GESTA Romanorum ....; in-4°. In die sancti Adriani, 1494. — *S. l. n. typ.* [*Argentinæ*.] H. *7748

663. GEWS (Johannes). De vitiis linguæ cum libro Albertani causidici de doctrina dicendi et tacendi; in-4°. *Norimbergæ*, Fratres ordinis Heremitarum s. Augustini, 1479. H. *7759

664. GORICHEM (Henricus de). Conclusiones super IV libros Sententiarum ; in-4°. — *S. l. n. d. n. typ.* H. *7810

GORICHEM (Henricus de). — Cf. LOMBARDUS.

665. GORRANUS (Nicolaus). Postilla super epistolas Pauli; in-fol. *Coloniæ*, Joh. Kœlhoff, 1478. H. *7815

666. GRADUALE Basilicnse ; in-4°. *Basileæ*, Michael Wenssler et Jacobus Kilchen, 1488. H. 7842

667. GRAMMATELLUS pro juvenum eruditione cum glossa almanica ; in - 4°. *Lipsiæ*, Melchior Lotter, 1499. H. 7855

668. GRATIA DEI (Joh. Bapt.). De confutatione hebraicæ sectæ ; in-4°. *Argentinæ*, Martinus Flach, 1500. H. *7879

669. GRATIANUS. Decretum seu Concordia discordantium canonum ; in-fol. *Basileæ*, B. Richel, 1479. H. *7888

670. ⁓ Concordia...; in-fol. *Venetiis*, Joh. de Colonia et Joh. Manthen, 1479. H. *7894

671. ⁓ Concordia...; in-fol. *Basileæ*, M. Wenssler, 1481. H. *7895

672. ⁓ Concordia...; in-fol. *Norimbergæ*, A. Koberger, 1483. H. *7899

673. ⁓ Concordia...; in-fol. *Argentinæ*, Joh. Gruninger, 1484. H. *7901

674. ⁓ Concordia...; in-fol. *Basileæ*, M. Wenssler, 1486. H. *7903

675. ⁓ Concordia...; in-fol. *Venetiis*, Andreas de Calabriis, 1491. H. *7911

676. ⁓ Concordia...; in-4°. *Basileæ*, Joh. Froben, 1493. H. 7912

677. ⁓ Concordia...; in-fol. *Norimbergæ*, A. Koberger, 1493. H. 7913

678. GREGORIUS (S.). Commentum super Cantica canticorum ; in-4°. *Basileæ*, 13ª martii 1496. — *S. typ.* [Furter.] H. *7938

679. ⁓ Expositio super Ezechielem ; in-4°. 1496. — *S. l. n. typ.* [*Basileæ*, Michael Furter.] H. *7946

680. ⁓ Dialogorum libri quatuor ; in-fol. — *S. l. n. d. n. typ.* [*Argentinæ*, Eggesteyn.] H. *7957

681. ⁓ Dialogorum libri IV ; in-4°. — *S. l. n. d. n. typ.* [*Argentinæ*, Eber, 1483.] H. *7959

682. ⁓ Dialogorum libri ; in-fol. *Basileæ*, M. Furter, 1496. H. *7966

683. ⁓ Pastorale seu Regula pastoralis ; in-4°; 152 ff., car. goth. 24 ll. 1. — *S. l. n. d. n. typ.* [*Argentinæ*, Flach?]

684. ⁓ Pastorale; in-4°. — *S. l. n. d. n. typ.* [*Moguntiæ*, J. Fust et Petrus Schoiffer, 1475?] H. *7982

685. ⁓ Pastorale ; in-4°. *Basileæ*, 1496. — *S. typ.* [Furter.] H. *7988

686. GREGORIUS IX. Decretalium libri V cum glossa; in-fol. *Venetiis*, Nicolaus Jenson, 1479. H. *8007

687. ⁓ Decretalium libri ; in-fol. *Norimbergæ*, A. Koberger, 1482. H. *8014

688. ⁓ Decretalium libri ; in-4°. *Venetiis*, Bartholomæus de Alexandria, Andreas Torresanus et Maphæus de Salodio, 1482. H. *8015

4

689. GREGORIUS IX. Decretalium libri; in-fol. *Venetiis*, Baptista de Tortis et Franciscus de Madiis, 1489. H. *8017

690. ⚭ Decretalium libri...; in-fol. *Venetiis*, Johannes Hamman, 1491. H. *8027

691. ⚭ Decretalium libri; in-4°. *Basileæ*, Joh. Froben, 1494. H. *8031

692. ⚭ Decretalium libri; in-fol. *Venetiis*, Bapt. de Tortis, 1494. H. *8032

693. ⚭ Decretalium libri; in-4°. *Basileæ*, J. de Amerbach et J. Froben, 1500. H. *8040

694. ⚭ Decretalium libri; in-fol. — S. l. n. d. n. typ. [*Lugduni*, Joh. Syber.]

695. GRITSCH (Johannes). Quadragesimale; in-fol. — S. l. n. d. n. typ. [*Norimbergæ*, 1474.] H. *8057

696. ⚭ Quadragesimale; in-fol. — S. l. n. d. n. typ. [*Eustadii*, Reyser.] H. *8060

697. ⚭ Quadragesimale; in-fol. — S. l. n. d. n. typ. [*Eustadii*, Reyser.] H. *8061

698. ⚭ Quadragesimale; in-fol. *Norimbergæ*, A. Koberger, 1483. H. *8069

699. ⚭ Quadragesimale; in-fol. In die sanctæ Agathe, 1484. — S. l. n. typ. H. *8070

700. ⚭ Quadragesimale; in-fol. In die sancti Dionysii, 1486. — S. l. n. typ. H. *8071

701. ⚭ Quadragesimale; in-4°. *Norimbergæ*, Georgius Stuchs, 1488. H. *8072

702. ⚭ Quadragesimale; in-fol. In profesto circumcisionis Domini, 1490. — S. l. n. typ. H. *8075

703. GRUENPECK (Josephus). Tractatus de pestilentiali scorra sive mala de Franzos; in-4°. — S. l. n. d. n. typ. H. *8090

GRUNER. — Cf. Expositio officii missæ.

704. GUARINUS (Baptista) Veronensis. De modo et ordine docendi ac discendi; in-4°. *Heydelbergæ*, H. Knoblochzer, 1489. H. *8131

GUARINUS. Ars diphtongandi. — Cf. Vocabularius breviloquus.

705. GUIDO Monterocherii. Manipulus curatorum; in-fol. — S. l. n. d. n. typ. (Caractères du n° 902.) H. *8157

706. ⚭ Manipulus curatorum; in-4°. — S. l. n. d. n. typ. [*Basileæ*, Flach, 1477.] H. 8166

707. GUIDO Monterocherii. Manipulus curatorum; in-fol. *Argentinæ*, 1483. — S. typ. H. *8189

708. ⚭ Manipulus curatorum; in-4°. *Argentinæ*, 1493. — S. typ. H. *8205

709. ⚭ Manipulus curatorum; in-4°. *Coloniæ*, H. Quentell, 1498.

710. GUILLELMUS. Postilla super evangelia et epistolas; in-fol.; 180 ffnc., car. goth., 40 ll. l. — S. l. n. d. n. typ. [*Basileæ*, Wenssler.]

711. ⚭ Postilla ....; in-fol., 192 ffnc., car. goth., 36 ll. l. — S. l. n. d. n. typ. [*Basileæ*, M. Flach, 1474.]

712. ⚭ Postilla ....; in-fol., car. goth., 38 ll. l. — S. l. n. d. n. typ. [*Augustæ*, Monasterium SS. Ulrici et Afræ?]

713. ⚭ Postilla ....; in-fol. — S. l. n. d. n. typ. [*Eustadii*, Reyser.] H. *8228

714. ⚭ Postilla...; in-fol. — S. l. n. d. n. typ. (Caractères du n° 902.) H. *8231

715. ⚭ Postilla ....; in-fol. — S. l. n. d. n. typ. [*Augustæ*, G. Zainer.] H. *8232

716. ⚭ Postilla ....; in-fol. — S. l. n. d. n. typ. H. *8238

717. ⚭ Postilla ....; in-fol. — S. l. n. d. n. typ. H. *8245

718. ⚭ Postilla...; in-fol. *Norimbergæ*, Koberger, 1481. H. *8258

719. ⚭ Postilla ....; in-fol. *Basileæ*, N. Kessler, 1486. H. *8264

720. ⚭ Postilla ....; in-fol. *Argentinæ*, 1486. — S. typ. H. *8263

721. ⚭ Postilla ....; in-fol. *Argentinæ*, 1488. — S. typ. H. *8266

722. ⚭ Postilla ....; in-4°. *Basileæ*, 1491. — S. typ. H. *8273

723. ⚭ Postilla ....; in-4°. *Daventriæ*, Jacobus de Breda, 1498. Campbell, 904

724. GUILLELMUS episcopus Parisiensis. Opera; in-fol. — S. l. n. d. n. typ. [*Norimbergæ*, A. Koberger.] H. *8300

725. ⚭ De septem sacramentis; in-4°. *Parisiis*, Georgius Mittelhus, 1489. H. *8312

726. ⚭ De fide et legibus; in-fol. — S. l. n. d. n. typ. [*Augustæ*, G. Zainer, 1469.] H. *8317

727. ⚭ Sermones; in-fol. *Tubingæ*, Joh. Otmar, 1499. H. *8323

H

728. HARENTALIS (Petrus). Expositio Psalterii; in-fol. *Coloniæ*, Joh. Kœlhoff, 1487. H. *8366

729. ⚭ Expositio Psalterii; in-fol. *Reutlingæ*, 1488. — S. typ. H. *8367

730. HASELBACH (Thomas de). Sermones dominicales super epistolas b. Pauli; in-fol. 1478. — S. l. n. typ. H. *8370

731. HASSIA (Henricus de). Expositio super Ave Maria; in-fol. — S. l. n. d. n. typ. [*Basileæ*, M. Wenssler.] H. *8395

732. HELDENBUCH; in-fol. *Augustæ*, G. Zainer, 1477. H. 8419

733. HEMMERLIN seu Malleolus (Felix). De nobilitate et rusticitate dialogus et alia opuscula; in-fol. — S. l. n. d. n. typ. H. *8426

734. HENTISBERUS (Guillelmus). Regulæ, videlicet de sensu composito et diviso, de insolubilibus, de scire et dubitare, de relativis .... Item Sophismata. *Venetiis*, Bonetus Locatellus, 1494. H. 8437

735. ⚜ Probationes profundissimæ conclusionum in regulis positarum; in-fol. *Papiæ*, Nic. Girardenghus, 1483. H. 8442

736. HERBARIUS; in-4°. 1484. — *S. l. n. typ.* [*Moguntiæ*, P. Schoiffer.] H. 8444

737. HERBARIUS, italice; in-fol. — *S. l. n. d. n. typ.*

738. HERMANNUS de Petra de Scutdorpe. Sermones quinquaginta in Orationem dominicam; in-4°; 216 ff., car. goth., 34 ll. l., tit. cour. — *S. l. n. d. n. typ.*

739. HERMES seu Mercurius Trismegistus, Pimander seu de potestate et sapientia Dei, Marsilio Ficino interprete; in-4°. *Venetiis*, Damianus de Mediolano, 1493. H. *8461

740. HEROLT (Johannes), alias Discipulus. Sermones de tempore et sanctis cum promptuario exemplorum et de b. Virgine; in-fol. — *S. l. n. d. n. typ.* [*Argentinæ.*] H. *8473

741. ⚜ Sermones; in-fol.; 244 ffnc., car. goth., 2 col. de 38 ll. — *S. l. n. d. n. typ.* [*Augustæ*, Joh. Schussler.]

742. ⚜ Sermones; in-fol. — *S. l.* [*Reutlingæ*] *n. d. n. typ.* H. *8475

743. ⚜ Sermones; in-fol. — *S. l.* [*Reutlingæ*] *n. d. n. typ.* H. *8476

744. ⚜ Sermones; in-fol. *Basileæ*, 1482. — *S. typ.* [Joh. Amerbach.] H. 8484

745. ⚜ Sermones; in-fol. *Norimbergæ*, A. Koberger, 1482. H. *8485

746. ⚜ Sermones; in-fol. *Argentinæ*, 1484. — *S. typ.* H. *8489

747. ⚜ Sermones; in-fol. *Basileæ*, N. Kessler, 1486. H. *8492

748. ⚜ Sermones; in-fol. — *S. l. n. d. n. typ.* [*date manuscrite*: 1486.]

749. ⚜ Sermones; in-fol. *Argentinæ*, 1487. — *S. typ.* H. *8495

750. ⚜ Sermones; in-fol. *Norimbergæ*,[1492. — *S. typ.* H. *8502

751. ⚜ Sermones; in-fol. *Argentinæ*, 1492. — *S. typ.* H. *8503

752. ⚜ Sermones; in-4°. *Coloniæ*, 1492. — *S. typ.*

753. ⚜ Sermones; in-fol. *Norimbergæ*, 1494. — *S. typ.* H. *8504

754. ⚜ Sermones; in-fol. *Argentinæ*, 1495. — *S. typ.* H. *8505

755. ⚜ Sermones; in-fol. *Norimbergæ*, A. Koberger, 1496. H. *8506

756. ⚜ Sermones; in-4°. *Haganoæ*, 1496. — *S. typ.* H. *8507

757. HEROLT (Johannes). Sermones; in-fol. *Argentinæ*, M. Flach, 1499. H. *8508

758. ⚜ Sermones super epistolas dominicales; in-fol. — *S. l. n. d. n. typ.* [*Argentinæ*, G. Husner, 1479.] H. *8510

759. ⚜ Liber de eruditione Christi fidelium; in-fol. — *S. l. n. d. n. typ.* [*Argentinæ*, G. Husner.] H. *8517

760. ⚜ De eruditione ....; in-fol. — *S. l. n. d. n. typ.* H. *8518

761. ⚜ De eruditione ....; in-fol. — *S. l. n. d. n. typ.* H. *8519

762. ⚜ De eruditione ....; in-fol. *Argentinæ*, Joh. Pruss, 1490. H. *8521

763. HERPF (Henricus). Speculum aureum decem præceptorum Dei; in-fol. *Moguntiæ*, Petrus Schoiffer, 1474. H. *8523

764. ⚜ Speculum aureum ....; in-fol. *Norimbergæ*, A. Koberger, 1481. H. *8524

765. ⚜ Speculum aureum ....; in-4°. *Basileæ*, Joh. Froben, 1496. H. *8526

766. ⚜ Sermones de tempore, de Sanctis, etc.; in-fol. *Spiræ*, P. Drach, 1484. H. *8527

767. HERVEUS Natalis Brito, ordinis Prædicatorum. Quatuor quodlibeta; in-fol. *Venetiis*, Raynaldus de Novimagio, 1486. H.*8530

768. HIBERNIA (Thomas de). Manipulus florum seu sententiæ Patrum, etc.; in-fol. *Placentiæ*, Jacobus de Tyela, 1483. H. *8542

769. HIERONYMUS (S.). Epistolæ; in-fol. *Basileæ*, N. Kessler, 1480. H. *8559

770. ⚜ Epistolæ; in-fol. *Basileæ*, N. Kessler, 1497. H. *8565

771. ⚜ Commentaria in Biblia, etc.; in-fol. *Venetiis*, Joh. et Gregorius de Gregoriis, 1498. H. *8581

772. ⚜ Aureola ex floribus S. Hieronymi; in-fol.; — *S. l. n. d. n. typ.* [*Spiræ*, 1472?] H. *8586

773. ⚜ Aureola ex floribus s. Hieronymi; in-fol. — *S. l. n. d. n. typ.* [*Coloniæ*, Arn. Terhoernen.] H. *8593

774. ⚜ Vitæ Patrum; in-fol., nonas Marcij 1483. — *S. l.* [*Argentinæ*] *n. typ.* H. *8597

775. ⚜ Vitæ Patrum; in-fol. *Norimbergæ*. A. Koberger, 1483. H. *8598

776. ⚜ Vitæ Patrum; in-4°; 228 ffnc., car. goth., 2 col. de 49-50 ll. — *S. l. n. d. n. typ.* [*Lugduni*, Philippi.]

777. ⚜ Vitæ Patrum; in-4. *Venetiis*, Bonetus Locatellus, 1500. H. *8602

778. HISPANUS (Petrus). Summula logicæ; in-fol. *Reutlingæ*, Johannes Otmar, 1486. H. *8680

779. ⚜ Copulata omnium tractatuum etiam syncategorematum et parvorum logicalium; in-fol. *Coloniæ*, 1489. — *S. typ.* [Quentell]. H. *8702

780. ⚜ Copulata ....; in-4°, *Coloniæ*, 1493. — *S. typ.* H. *8704

781. HOLKOT (Robertus). Opus super sapientiam Salomonis; in-fol. *Basileæ*, 1489. — S. *typ.* H. *8758

782. ⚜ Opus super sapientiam Salomonis; in-4°, 1489. — *S. l. n. typ.* [*Parisiis*, Ul. Gering et B. Rembolt.] H. 8759

783. ⚜ Opus super sapientiam Salomonis; in-fol. *Reutlingæ*, Joh. Otmar, 1489. H. *8760

784. HOMILIARIUS Doctorum a Paulo Diacono collectus; in-fol. *Spiræ*, Petrus Drach, 1482. H. *8790

785. HOMILIARIUS Doctorum; in-fol. *Basileæ*, Nicolaus Kessler, 1493. H. *8791

786. HONORIUS Augustodunensis. Expositio super cantica canticorum; in-4°. — *S. l.* [*Coloniæ*] *n. d. n. typ.* H. *8802

787. ⚜ Lucidarius, germanice; in-4°. — *S. l. n. d. n. typ.* [*Argentinæ*, J. Pruss, 1482.]
Cf. Schorbach, *Entsehung ... des Volksbuches Lucidarius*, Strasbourg, 1894, p. 63, n° 3.

788. HORÆ b. Mariæ ad usum romanum; in-8°. *Parisiis*, Phil. Pigouchet, 1495.

789. HORATIUS. Opera; in-fol. *Venetiis*, Joh. Aloysius de Varisio, 1498. H. *8896

790. ⚜ Opera cum annotationibus Jacobi Locher Philomusi; in-fol. *Argentinæ*, Joh. Gruninger, 1498. H. *8898

791. ⚜ Sermones et epistolæ cum Acronis commento; in-4°. Nic. Wolf, 1499. — *S. l.* [*Lugduni.*] H. 8916

792. HORTULUS rosarum in valle lacrimarum; in-8°. *Basileæ*, Joh. Bergmann de Olpe, 1499. H. *8939

793. HORTUS sanitatis, teutonice; in-4°. — *S. l.* [*Argentinæ* seu *Moguntiæ*] *n. d. n. typ.* H. *8946.

794. ⚜ sanitatis, teutonice; in-fol. *Augustæ*, Joh. Schönsperger, 1487. H. 8950

795. HORTUS sanitatis, teutonice; in-fol. *Augustæ*, Joh. Schönsperger, 1488. H. *8953

796. HOSTIENSIS (H. de Segusio) Cardinal. Summa in V libros Decretalium; in-fol. — *S. l. n. d. n. typ.* [*Eustadii*, Reyser.] 1479. H* 8962

797. HUGO de S.-Caro. Postilla super IV Evangelia; in-fol. *Basileæ*, Bernardus Richel, 1482. H. *8975

798. HUGO de Pratoflorido. Sermones de tempore super Evangelia et Epistolas; in-fol. — *S. l. n. d. n. typ.* [*Argentinæ*, Henricus Eggesteyn.] H. *8995

799. ⚜ Sermones; in-fol. — *S. l. n. d. n. typ.* [*Argentinæ*, G. Husner.] H. *8996

800. ⚜ Sermones; in-fol. *Argentinæ*, G. Husner, 1476. H. *9005

801. ⚜ Sermones; in-fol. *Heydelbergæ*, 1485. — *S. typ.* H. *9009

802. ⚜ Sermones; in-fol. 1486. — *S. l. n. typ.* H. 9010

803. HUGO de S.-Victore. Didascalion et alia opuscula; in-fol. — *S. l.* [*Argentinæ*] *n. d. n. typ.* H. *9022

804. ⚜ Didascalion; in-fol. 1483. — *S. l.* [*Argentinæ*] *n. typ.*

805. ⚜ Sententiæ in secundum librum de incarnatione Verbi; in-fol. — *S. l. n. d. n. typ.* [*Augustæ*, G. Zainer.] H. *9023

806. ⚜ De sacramentis Christianæ fidei; in-fol. *Argentinæ*, 1485. — *S. typ.* H. *9025

807. HUNGARIA (Michael de). Sermones tredecim universales; in-4°. *Argentinæ*, 1490. — *S. typ.* H. *9047

808. ⚜ Sermones de Sanctis, Biga salutis nuncupati; in-4°. *Haganoæ*, Henricus Gran, 1497. H. 9054

I

809. IMITATIO Christi; in-4°. Dionysius Bertochus et Peregrinus de Pasqualibus, 1485. — *S. l.* [*Venetiis.*] H. 9088

810. IMITATIO Christi; in-8°. *Argentinæ*, M. Flach, 1487. H. *9092

811. IMITATIO Christi; in-8°. *Ulmæ*, Joh. Zainer, 1487. H. *9093

812. IMITATIO Christi; in-8°. *Argentinæ*, 1489. — *S. typ.* H. *9098

813. INNOCENTIUS VIII. Regulæ, ordinationes et constitutiones cancellariæ apostolicæ; in-4°. — *S. l. n. d. n. typ.* [*Romæ*, Eucharius Silber.] H. *9221

814. INSTITORIS (Henricus). Tractatus varii contra errores adversus Eucharistiæ sacramentum exortos; in-4°. *Norimbergæ*, A. Koberger, 1496. H. *9233

815. INSTITORIS (Henricus). Malleus maleficorum; in-fol. — *S. l. n. d. n. typ.* [*Argentinæ*, Joh. Pruss.] H. *9238

816. ⚜ Malleus maleficorum; in-fol. — *S. l. n. d. n. typ.* [*Spiræ.*] H. *9239

817. ISIDORUS episc. Hispalensis. Etymologiarum libri XX et de Summo bono libb. III; in-fol. *Venetiis*, Petrus Loslein, 1483. H. *9279

818. ITINERARIUM b. Mariæ Virginis; in-4°. — *S. l. n. d. n. typ.* [*Ulmæ*, Joh. Reger.] H. *9322

819. IVO episcopus Carnotensis. Panormia seu summa Decretorum; in-4°. *Basileæ*, M. Furter, 1499. H. *9328

J

820. JACOBUS de Clusa. Sermones notabiles et formales; in-fol. — S. l. [Spiræ] n. d. n. typ. H. *9329

821. ⸺ Sermones; in-fol. — S. l. n. d. n. typ. H. *9330

822. ⸺ Tractatus de animabus exutis a corporibus seu de apparitionibus animarum; in-fol. Burgdorf, 1475. — S. typ. H. *9349

823. JAMBLICHUS. De mysteriis Ægyptiorum, Chaldæorum, Assyriorum et alia opuscula; in-fol. Venetiis, Aldus Manutius, 1497. H. *9358

824. JANUA (N. de). Compendium morale; in-fol. — S. l. n. d. n. typ. [Augustæ, in monasterio SS. Udalrici et Afræ.] H. *9359

825. JOERG von Nurnberg. Nachricht von den Turken; in-4°, 1500. — S. l. n. d. n. typ. [Augustæ, Schœnsperger.] H. 9381

826. JOHANNES Carthusianus. Epistolæ ad studentes pragenses; in-4°. 62 ff., car. goth., 32 ll. — S. l. n. d. n. typ.

827. ⸺ Opus cui titulus Nosce te ipsum; in-4°. Heydelbergæ, 1489. — S. typ. H. *9389

828. JOHANNES Junior. Scala cœli; in-fol. Lubecæ, 1476. — S. typ. H. *9405

829. ⸺ Scala cœli; in-fol. Ulmæ, Johannes Zainer, 1480. H. *9406

830. JOHANNES Nivicellensis. Concordantiæ Bibliæ et Canonum; in-fol. Basileæ, Nicolaus Kessler, 1487. H. *9416

831. JOHANNES Presbyter. De ritu et moribus Indorum; in-4°. — S. l. n. d. n. typ. [Argentinæ, Knoblochzer.] H. *9429

832. JORDANUS de Quedlinbourg. Sermones de tempore; in-fol. Argentinæ, 1483. — S. typ. H. *9438

833. ⸺ Sermones de Sanctis; in-fol. Argentinæ, Joh. Gruninger, 1484. H. *9440

834. ⸺ Textus passionis Christi secundum quatuor evangelistas; in-4°. — S. l. [Basileæ?] n. d. n. typ. H. 9442

835. JOSEPHUS (Flavius). Opera latina; in-fol. — S. l. n. d. [1473] n. typ. H. 9449.

836. JUSTINIANUS. Institutiones (Consuetudines feudorum tantum); in-fol., car. goth. de 2 grandeurs, 2 col. de 71 ll. — S. l. n. d. n. typ. [Argentinæ, Eggesteyn?]

837. ⸺ Institutiones, Consuetudines feudorum; in-fol. Argentinæ, Eggesteyn, 1472. H. *9491

838. JUSTINIANUS. Institutiones [Consuetudines feudorum tantum]; in-fol. Basileæ, M. Wenssler, 1478. H. *9507

839. ⸺ Institutiones; in-fol. Venetiis, Baptista de Tortis, 1484. H. *9515

840. ⸺ Institutiones; in-fol. Norimbergæ, A. Koberger, 1486. H. *9519

841. ⸺ Institutiones; in-fol. 17 Julii 1491. — S. l. n. typ. H. *9525

842. ⸺ Pandectæ; in-fol. Norimbergæ, A. Koberger, 1482. H. *9550

843. ⸺ Institutiones, Consuetudines feudorum; in-fol., car. goth. de 2 grandeurs, 2 col. de 71 ll. — S. l. n. d. n. typ.

844. ⸺ Codex; in-fol. Norimbergæ, Ant. Koberger, 1488. H. *9609

845. ⸺ Codex; in-fol. Venetiis, Baptista de Tortis, 1493. H. *9616

846. ⸺ Codex; in-4°. Lugduni, Petrus Hungarus, 1496.

847. ⸺ Codex; in-fol. Basileæ, M. Wenssler, 1478. H. *9625

848. ⸺ Digestum vetus; in-fol., car. goth., 2 col. de 79 ll. — S. l. n. d. n. typ.

849. ⸺ Digestum vetus; in-fol. Venetiis, Andreas Torresanus, 1491. H. *9556

850. ⸺ Digestum infortiatum cum glossa; in-fol., 286 ffnc., car. goth., 2 col. de 75 ou 65 ll. — S. l. n. d. n. typ.

851. ⸺ Digestum infortiatum; in-fol. Venetiis, Bernardinus Stagninus, 1495. H. *9573

852. ⸺ Digestum novum cum glossa; in-fol. — S. l. n. d. n. typ. [Basileæ, Rodt.] H. *9579

853. ⸺ Digestum novum cum glossa; in-fol. Venetiis, B. Stagninus, 1494. H. *9592

854. JUSTINUS. Epitome historiarum Trogi Pompeii; in-fol. — S. l. n. d. n. typ. [Senis, Henricus de Colonia.] H. 9655

855. JUVENALIS (Decius). Satyrae cum commento Domitii Calderini et Georgii Vallæ; in-fol. Venetiis, Bonetus Locatellus, 1492. H. *9705

856. ⸺ Satyræ cum commento familiari Ant. Mancinelli; in-4. Lugduni, Nicolaus Wolf, 1498. H. 9716

857. JUVENALIS (Guido). In latinae linguae elegantias Laurentii Vallae et Gelli interpretatio; in-4°. Parisiis, F. Baligault, 1492.

858. JUVENCUS Presbyter. Historia evangelica; in-4°. — S. l. n. d. n. typ. H. *9725

K

859. KETHAM (Joh.). Fasciculus medicinæ; in-fol. *Venetiis*, Joh. et Greg. de Gregoriis, 1495. H. *9775

860. KOELNER (Johannes) de Vanckel. Summarium textuale et conclusiones sexti Decretalium et Clementinarum; in-fol. 1495. — *S. l. [Coloniæ] n. typ.* H. *9786

861. KOELNER (Johannes) de Vanckel. Summarium textuale ....; in-fol. *Coloniæ*, Joh. Kœlhoff, 1488. H. *9787

862. ⸺ Summarium textuale ....; in-fol. *Coloniæ*, Joh. Kœlhoff, 1494. H. *9788.

L

863. LACTANTIUS Firmianus. De divinis institutionibus adversus gentes; in-fol. *Venetiis*, Vincentius Benalius, 1493. H. *9816

864. LANTZPERGER (Joh.). Dialogus recommendationis exprobrationisque poetices; in-4°. 1494. — *S. l. n. typ. [Lipsiæ*, Martinus Herbipolensis.] H. *9896

865. LAPIDE (Joh. de). Resolutorium dubiorum circa celebrationem missarum occurrentium; in-4°. — *S. l. n. d. n. typ.* H. *9900

866. LAUDIVIUS. Vita beati Hieronymi; in-4°. — *S. l. n. d. n. typ. [Romæ*, Johannes Gensberg]. H. 9943

867. LAVACRUM conscientiæ; in-4°. *Augustæ*, A. Sorg, 1489. H. *9957

868. LAVACRUM conscientiae. *Coloniæ*, H. Quentell, 1499. H. 9962

869. LEGEND von Peter von Stauffenberg; in-4°. *Strasbourg*, 1500. — *S. typ.* [Kistler *ou* Hupfuff.]

870. LEGENDA sanctarum undecim millium virginum; in-4°, 6 ffnc., car. goth., 38-40 ll. — *S. l. n. d. n. typ.*

871. LEHREN (Gute und hübsche) wie man soll guts thun ....; in-4°. *Argentinæ*, Kistler, xv. c. jor (1500.)

872. LIBERTAS ecclesiæ; in-fol. — *S. l. n. d. n. typ. [Argentinæ*, 1491.] H. *10074

873. LICHTENBERG (Johannes). Prognosticatio, teutonice; in-4°. *Strassburg uff Gruneck*, 1497. — *S. typ.* [Kistler.] H. *10088

874. LIGNAMINE (Joh. de). De duello; in-fol. *Mediolani*, Ulricus Scinzenzeler. — *S. d.* H. *10095

875. LINDELBACHER (Michael). Præcepta latinitatis; in-4°. *Reutlingæ*, Joh. Otmar, 1486. H. *10111

876. LIVIUS (Titus). Historiæ romanæ decades; in-fol. *Tarvisii*, Johannes Vercellensis, 1485. H. *10130

877. ⸺ Le deche dell' Historie Romane con il libro di Leonardino Aretino chiamato della guerra punica; in-fol. *Venetiis*, Bartholomæus de Zanis, 1490. H. 10148

878. LIVIUS (Titus). Le deche ....; in-fol. *Venetiis*, Joh. Vercellensis, 1493. H. *10149

879. LOCHER (Jacobus). Apologia contra G. Zingel; in-4°, 8 ff., car. rom., 30 ll. l., sign. A-B. — *S. l. n. d. n. typ.*

880. ⸺ Panegyricus ad Maximilianum; in-4°. *Argentinæ*, Joh. Gruninger, 1497. H. *10153

881. ⸺ Historia de rege Franciæ, drama; in-4°. *Friburgi*, F. Riederer, 1495. H* 10161

882. ⸺ De partu monstroso carmen; in-4°. *Ingolstadii*. — *S. d.* [1499] *n. typ.* H. *10162

883. ⸺ Carmen de diluvio romano; in-4°. — *S. l. n. d. n. typ. [Friburgi*, F. Riederer, 1495.] H. *10163

884. ⸺ Carmen de s. Catharina; in-4°. *Basileæ*, Joh. Bergmann de Olpe, 1496. H. *10164

885. LOCHMAIER (Michael). Parochiale curatorum; in-4°. *Haganoæ*, Henricus Gran, 1498. H. *10169

886. ⸺ Sermones de Sanctis; in-fol. *Haganoæ*, H. Gran, 1497. H. *10173

887. ⸺ Sermones; in-fol. *Haganoæ*, H. Gran, 1.00. H. *10174

888. LOMBARDUS (Petrus). Sententiarum libri IV; in-fol. — *S. l. n. d. n. typ.* [*Argentinæ*, Eggesteyn.] H. *10183.

889. ⸺ Sententiarum libri IV; in-fol. — *S. l. [Argentinæ] n. d. n. typ.* H. *10185

890. ⸺ Sententiarum libri IV; in-fol. — *S. l. n. d. n. typ.* H. *10185

891. ⸺ Sententiarum libri IV; in-fol. *Basileæ*, N. Kessler, 1486. H. *10190

892. ⸺ Sententiarum libri IV, cum conclusionibus Henrici Gorichem; in-fol. — *S. l. n. d. n. typ.* (*Basileæ*, N. Kessler). H. 10193

893. ⸺ Sententiarum libri ....; in-fol. *Basileæ*, N. Kessler, 1487. H. *10194

894. ⸺ Sententiarum libri ....; in-fol. *Basileæ*, N. Kessler, 1488. H. *10195

895. ⸺ Sententiarum libri ....; in-fol. *Basileæ*, N. Kessler, 1489. H. *10196

896. LOMBARDUS (Petrus). Sententiarum libri ....; in-fol. *Basileæ*, N. Kessler, 1492. H. *10197

897. ⸺ Sententiarum libri ....; in-fol. *Basileæ*, N. Kessler, 1498. H. *10198

898. ⸺ Sententiarum libri ....; in-4°. Joh. Pivard, 1499. — *S. l. [Lugduni.]* H. 10199?

899. ⸺ Glossa in Psalmos; in-fol. — *S. l. n. d. n. typ. [Norimbergæ*, Joh. Sensenschmidt, 1475.] H. *10202

900. ⸺ Glossa in epistolas b. Pauli; in-fol. — *S. l. n. d. n. typ.* [*Esslingæ*, Conradus Fyner.] H. *10204

901. LOPPUS Zierixeus. Casus per modum quæstionis; in-4°, 8 ff., car. goth., 27 ll. l.; sign. I. — *S. l. n. d. n. typ.*

902. LOTHARIUS Diaconus. Liber de miseria humanæ conditionis seu de contemptu mundi; in-fol. — *S. l. n. d. n. typ.* H. *10209

903. LUCANUS (M. Annæus). Pharsalia cum Petri Eolici præfatione; in-4°. *Lipsiæ*, Mart. Landsberg Herbipolensis. — *S. d.* H. 10230

904. ⸺ Pharsalia cum duobus commentis Johannis Sulpitii Verulani et Omniboni Vincentini; in-fol. *Venetiis*, Simon Bevilaqua, 1498. H. *10242

905. LUCIFER. Epistola Luciferi ad principes .... cum processu Sathanæ; in-4°; 10 ffnc., car. goth., sign. A.-B., tit. cour. — *S. l. n. d. n. typ.*

906. LUCRETIUS (Titus Carus). De rerum natura; in-4°. *Venetiis*, Theodorus de Ragazonibus, 1495. H. *10283

907. LUDOLPHUS de Saxonia. Meditationes vitæ Jesu-Christi; in-fol. — *S. l. n. d. n. typ.* [*Argentinæ*, Eggesteyn, 1474.] H. *10290

908. ⸺ Vita Christi; in-fol. *Argentinæ*, in die sancti Lucæ, 1483. — *S. typ.* H. *10293

909. ⸺ Vita Christi; in-fol. *Norimbergæ*, A. Koberger, 1483. H. *10294

910. LUDOLPHUS de Saxonia. Vita Christi; in-fol. *Coloniæ*, 1487. — *S. typ.* H. *10295

911. ⸺ Vita Christi in compendium redacta; in-fol. — *S. l. n. d. n. typ.* [*Moguntiæ*, P. Schoiffer?] H. *10302
Relié avec Hain *2811 et mêmes caractères; rubriqué en 1475.

912. LULLUS (Raymundus). De laudibus beatæ Mariæ; in-fol. *Parisiis*, Guido Mercator, 1499. Diffère de H. 10327

913. LULMEUS (Paulus). Apologia religionis ordinis Heremitarum S. Augustini; in-4°. *Romæ* in domo F. de Cinquinis, 1479. H. 10328

914. LUMEN animæ, seu liber moralitatum [auctore Farinatore]; in-fol.; quarta feria post Udalrici, 1479. — *S. l. n. typ.* [*Eustadii*, Reyser.] H. *10331

915. LUMEN animæ; in-fol.; sexta feria post *Letare*, 1482. — *S. l. n. typ.* H. *10333

916. LYMOS (Andreas). Dubia in insolubilia; in-4°, 72 ffnc., car. goth., 35 ll. l., sign. a-i. — *S. l.* [*Parisiis*] *n. d. n. typ.*

917. LYRA (Nicolaus de). Glossæ in universa Biblia cum additionibus Pauli Burgensis; in-fol. — *S. l. n. d. n. typ.* [*Argentinæ*, J. Mentel.] H. *10366

918. ⸺ Glossæ in Biblia ....; in-fol. — *S. l. n. d. n. typ.* H. *10368

919. ⸺ Moralia super totam Bibliam; in-fol. — *S. l. n. d. n. typ.* [*Argentinæ*, Georgius Husner.] H. *10372

920. ⸺ Moralia super Bibliam; in-fol. *Mantuæ*, Paulus Joh. de Puzbach, 1481. H. *10375

921. ⸺ Postilla super IV Evangelistas; in-fol. — *S. l. n. d.* [1473] *n. typ.* H. *10384

922. ⸺ Præceptorium; in-8°, 80 ff., car. goth., 31 ll. l., sign. A-K. — *S. l. n. d. n. typ.*

923. ⸺ Quæstiones disputatæ contra Hebræos; in-8°, 24 ffnc., car. goth., 32-33 ll. l., sign. a-c. — *S. l. n. d.* [1494] *n. typ.*

924. ⸺ Repertorium super Bibliam; in-fol. *Memmingæ*, Albertus Kunne, 1492. H. *10397

M

925. MAGISTER de Magistris (Joh.). Quæstiones super tota philosophia naturali; in-fol. *Parmæ*, 1481. — *S. typ.* H. *10447

926. ⸺ Quæstiones .....; in-4°. *Venetiis*, Bonetus Locatellus, 1487. H. *10448

927. ⸺ Quæstiones ....; in-4°. ⸺ *S. l. n. d. n. typ.* [*Coloniæ*, H. Quentell.] H. *10450

928. ⸺ Quæstiones super totum cursum logicæ; in-4°. *Venetiis*, Bonetus Locatellus, 1487. H. *10452

929. ⸺ Quæstiones super totum cursum logicæ; in-fol. *Heidelbergæ*, Frid. Misch, 1488. H. *10454

930. MAGISTER de Magistris (Joh.). Dicta seu glossulæ circa summulas Petri Hispani; in-fol. — *S. l. n. d. n. typ.* [*Heidelbergæ* s. *Moguntiæ*, c. 1490.] H. *10456

931. MAGISTER (Martinus). Quæstiones morales; in-fol. *Parisiis*, Wolfgang Hopyl, 1489 et 1490. H. 10458

932. ⸺ Expositio perutilis et necessaria super libro Prædicabilium Porphyrii; in-4°. *Parisiis*, Caillaut. — *S. d.* [1499].

933. ⸺ Prædicabilia; in-4°, 96 ffnc., car. goth., 2 col. de 44 ll., sign. a-m. — *S. l. n. d. n. typ.* [*Parisiis*?]

934. MAGISTER (Martinus). Tractatus consequentiarum ; in-4°, 56 ffnc., car. goth., 2 col. de 44 ll., sign. A.-G. — *S. l. n. d. n. typ.*

935. MAGNI (Jacobus). Sophologium ; in-fol. — *S. l. n. d. n. typ.* [*Eustadii*, Michael Reyser.] | H. *10469

936. ⋙ Sophologium ; in-fol. — *S. l. n. d. n. typ.* [*Coloniæ*, 1470.] H. *10470

937. ⋙ Sophologium ; in-fol. — *S. l. n. d. n. typ.* [Imprimeur à l'*R* bizarre.] H. *10471

938. ⋙ Sophologium ; in-fol. — *S. l. n. d. n. typ.* [*Parisiis*, Martinus Crantz, Michael Friburger et Ulricus Gering, 1472.] H. 10473

939. MAIORANIS (Franc.). Sermones de Sanctis ; in-4°. *Basileæ*, Jacobus de Pfortzen, 1498. H. *10532

940. MAIUS Junianus. De priscorum proprietate verborum ; in-fol. *Tarvisii*, Bernardus de Colonia, 1477. H. *10540

941. MALLEOLUS (Paulus). In Terentium ; in-8°. *Parisiis*, Joh. Philippi, 1499.

942. MAMMOTRECTUS super Bibliam (auctore Joh. Marchesino) ; in-fol. — *S. l. n. d. n. typ.* [*Argentinæ*, Husner.] H. *10551

943. MAMMOTRECTUS .... ; in-fol. — *S. l. n. d. n. typ.* [*Argentinæ.*] H. *10552

944. MAMMOTRECTUS ; in-4°. *Venetiis*, Nic. Jenson, 1479. H. *10559

945. MANCINELLUS (Antonius). Epitoma constructionis ; in-4°. *Parisiis*, F. Baligault. 1500.

946. ⋙ Grammatica ; in-4°. *Parisiis*, Ant. Denidel. — *S. d.* [1499.]

947. ⋙ Carmina de floribus, de figuris et de poetica virtute ; in-4°. *Parisiis*, A. Denidel, 1499.

948. MANNEKEN (Carolus). Epistolarum formulæ ; in-4° ; XII kalendas novembris, 1486. — *S. l. n. typ.* H. 10668

949. ⋙ Epistolæ ; in-4°, 1486. — *S. l. n. d. n. typ.* H. *10669

950. MANUALE parrochialium ; in-4°. — *S. l. n. d. n. typ.* H. *10726

951. MANUALE parrochialium ; in-4°. — *S. l. n. d. n. typ.* H. *10728

MARCHESINUS. Cf. Mammotrectus.

952. MARIA (Paulus de S.), episc. Burgensis. Dialogus qui vocatur scrutinium scripturarum ; in-fol. — *S. l. n. d. n. typ.* [*Argentinæ*, Mentelin, 1471.] H. *10763

953. MARIALE seu de laudibus b. Virginis Mariæ ; in fol. *Argentinæ*, Martinus Flach, 1493. H. *10768

954. MARTIALIS cum commento Domitii Calderini et Georgii Merulæ ; in-fol. *Venetiis*, 29ª die madii, 1498. — *S. typ.* H. 10825

955. MARTINUS Polonus. Margarita decreti seu Tabula martiniana ; in-fol. — *S. l. n. d. n. typ.* H. *10834

956. ⋙ Margarita decreti ; in-fol. — *S. l. n. d. n. typ.* H. *10835

957. ⋙ Margarita decreti ; in-fol. — *S. l. n. d. n. typ.* [*Argentinæ*, 1494.] H. 10839

958. ⋙ Margarita decreti ; in-fol. *Argentinæ*, in die s. Ægidii, 1486. — *S. typ.* H. *10843

959. ⋙ Margarita decreti ; in-fol. *Argentinæ*, 1499. — *S. typ.* H. *10851

960. ⋙ Sermones de tempore et de Sanctis ; in-fol. *Argentinæ*, 1484. — *S. typ.* H. *10854

961. ⋙ Sermones ; in-4°. *Argentinæ*, 1488. — *S. typ.* H. *10856

962. MARTYRIUM Sanctorum ; in-4°. — *S. l. n. d. n. typ.* H. *10864

963. MARTYROLOGIUM seu Viola Sanctorum ; in-fol. — *S. l. n. d. n. typ.* [*Basileæ*, B. Richel.] H. *10867

964. MARTYROLOGIUM ; in-4°. *Argentinæ*, Joh. Pruss, 1487. H. *10870

965. MATHEOLUS Perusinus. De memoria augenda, seu ars memorativa ; in-4°. 1470. — *S. l. n. typ.* [*Argentinæ*, Knoblochzer.]

966. MAURITIUS Hibernicus. In quæstiones dialecticas D. Joannis Scoti expositio ; in-fol. *Venetiis*, Simon de Luere, 1499. H. 10921

967. MAXIMILIANUS. Dessen Krönung ; in-4°, car. goth., ll. l. — *S. l. n. d. n. typ.*

968. MEDIAVILLA (Richardus de). Commentum super quartum Sententiarum ; in-fol. *Venetiis*, Christophorus Arnoldus. — *S. d.* H. *10984

969. ⋙ Commentum super quartum Sententiarum ; in-fol. *Venetiis*, Dionysius Bertochus, 1489. H. *10986

970. MEFFRET. Sermones de tempore et de Sanctis, alias Ortulus regine ; in-fol. — *S. l. n. d.* [1487.] *n. typ.* H. *10999

971. ⋙ Sermones ; in-fol. — *S. l. n. d. n. typ.* [*Basileæ*, Kessler.] H. *11000

972. ⋙ Sermones ; in-fol. *Norimbergæ*, A. Koberger, 1487. H. *11004

973. ⋙ Sermones ; in-fol. *Basileæ*, Nicolaus Kessler, 1487. H. *11005

974. ⋙ Sermones ; in-fol. *Basileæ*, Nicolaus Kessler, 1488. H. *11006

975. MEIANUS (Anselmus). Enchiridion naturale ; in-4°. *Parisiis*, Joh. Parvus, 1500.

976. MELBER (Johannes). Vocabularius prædicantium ; in-4°, 1482. — *S. l. n. typ.* [*Argentinæ*, Knoblochzer.] H. *11038

977. MENSA philosophica ; in-4°, 104 ffnc., car. goth., 27 ll. l., sign. a-n. — *S. l. n. d. n. typ.* [*Coloniæ*, Zell ?]

978. MESUE (Johannes). Opera videlicet de consolatione medicinarum simplicium .....; in-fol. *Venetiis*, Raynaldus de Novimagio, 1479. H. *11108

979. METHODUS (S.) Revelationes, teutonice; in-4°, 40 ffnc., car. goth., 38 ll. 1., grav. *Basileæ*, M. Furter. — *S. d.*

980. METHODUS utriusque juris; in-fol. Ægidius van der Heerstraten, 1488. — *S. l.* [*Lovanii.*] H. *11126

981. MICHAEL (N.). Argumenta communia ad inferendum sophistice unamquamque propositionem esse veram et falsam; in-4°, 10 ff., car. goth., 2 col. de 37 ll. — *S. l. n. d n. typ.*

982. ⸺ Argumenta communia; in-4°, 8 ffnc., car. goth., 2 col. de 48 ll. — *S. l. n. d. n. typ.*

983. MIRAKEL (Dis ist ein Gross); in-4°. *Strassburg*, 1500. — *S. typ.* [*Kistler.*]

984. MISSALE Argentinense; in-fol. — *S. l. n. d. n. typ.* [*Basileæ*, M. Wenssler.]

985. MISSALE Basiliense (?); in-fol. — *S. l. n. d. n. typ.* [*Basileæ*, Wenssler?]

986. MISSALE Cisterciense; in-fol., 1 nonas septembris 1487. — *S. l. n. typ.* [*Argentinæ*, Gruninger?] H. *11279

987. MISSALE Romanum; in-4°. *Mediolani*, Pachel et Scinzenzeler, 1481.

988. MISSALE Spirense; in-fol. *Spiræ*, Petrus Drach, 1500.

989. MODUS confitendi; in-4°. — *S. l.* [*Moguntiæ*] *n. d. n. typ.* H. *11451

990. MODUS confitendi; in-4°. — *S. l. n. d. n. typ.*

991. MODUS legendi abbreviaturas cum aliis tractatibus juridicis; in-fol. — *S. l.* [*Coloniæ*] *n. d. n. typ.* H. *11479

992. MODUS legendi ....; in-fol. — *S. l. n. d. n. typ.* [Imprimeur à l'*R* bizarre]. H. *11480

993. MODUS legendi; in-4°. *Parisiis*, Petrus Levet, 1488.

994. MODUS legendi; in-fol. *Argentinæ*, secunda feria post Margarethæ, 1494. — *S. typ.* H. *11487

994 bis. MODUS legendi; in-fol. *Argentinæ*, 1499. — *S. typ.* H. 11488

995. MODUS perveniendi ad veram et perfectam Dei et proximi dilectionem; in-4°. — *S. l. n. d. n. typ.* [*Basileæ*, M. Wenssler.] H. *11491

996. MODUS pœnitendi et confitendi; in-4°, 24 ffnc., car. goth., 43 ll. — *S. l.* [*Parisiis*] *n. d. n. typ.*

997. MODUS vacandi beneficiorum; in-4°. — *S. l. n. d. n. typ.* H. *11525

998. MONTAGNANA (Barthol.). De balneis patavinis; in-fol. *Venetiis*, S. de Luere, 1499.

999. MONTALVO (Alphonsus Diaz de). Repertorium super abbatem Panormitanum; in-fol. — *S. l. n. d. n. typ.* H. *11566

1000. MONTE (Petrus de). Quaestio quid de salvatione Aristotelis dici possit; in-fol. — *S. l.* [*Coloniæ*] *n. d. n. typ.* H. *11586

1001. ⸺ Repertorium Juris; in-fol. *Patavii*, Johannes Herbort, 1480. H. *11589

1002. MONTE (Stephanus de). Ars sophistica; in-4°. *Parisiis*, A. Caillaut. — *S. d.*

MONTEPESSULANO. — Cf. Petrus-Jacobus de Montepessulano.

1003. MUNDINUS. Anatomia; in-fol. *Papiæ*, Antonius de Carchano, 1478. H. 11634

N

1004. NICEPHORUS. Logica cum aliis aliorum operibus, Georgio Valla interprete; in-fol. *Venetiis*, Simon Bevilaqua, 1498. H.*11748

1005. NICOLAUS de Dinkelspiel. Concordancia in Passionem dominicam; in-fol. — *S. l. n. d. n. typ.* [*Ulmæ*, J. Zainer.] H. *11762

1006. NIDER (Johannes). Præceptorium legis seu expositio decalogi; in-fol. — *S. l. n. d. n. typ.* [*Coloniæ*, Ul. Zell.] H. *11780

1007. ⸺ Præceptorium; in-fol.— *S. l. n. d. n. typ.* [*Eustadii*, Reyser.] H. *11781

1008. ⸺ Præceptorium; in-fol. — *S. l. d. n. typ.* [*Basileæ*, B. Rodt.] H. *11782

1009. ⸺ Præceptorium; in-fol. *Ulmae*, Joh. Zainer. — *S. d.* H. *11785

1010. ⸺ Præceptorium; in-fol. *Argentinæ*, G. Husner, 1476. H. *11790

1011. NIDER (Johannes). Præceptorium; in-fol. *Basileæ*, 1481. — *S. typ.* [Amerbach?] H. *11793

1012. ⸺ Præceptorium; in-fol. *Argentinæ*, 1483. — *S. typ.* H. *11795

1013. ⸺ Præceptorium; in-4°. *Norimbergæ*, A. Koberger, 1496. H. *11796

1014. ⸺ Sermones totius anni de tempore et de Sanctis cum quadragesimali; in-fol. — *S. l. n. d. n. typ.* H. 11797

1015. ⸺ Sermones; in-fol. *Ulmæ*, Johannes Zainer. — *S. d.* H. *11802

1016. ⸺ Consolatorium timoratæ conscientiæ; in-8°. *Parisiis*, Joh. Parvus. — *S. d.*

1017. ⸺ Consolatorium ....; in-fol. — *S. l. n. d. n. typ.* [*Augustæ*, A. Sorg.] H. *11807

1018. NIDER (Johannes). Formicarius; in-fol. *Augustæ*, A. Sorg. — *S. d.* H. *11832

1019. ⸺ Manuale confessorum; in-fol. — *S. l. n. d. n. typ.* [*Basileæ*, M. Wenssler.] H. *11838

1020. ⸺ Die vier und zwenzig gulden Harpfen; in-fol. *Argentinæ*, Martinus Schott, 1493. H. *11854

1021. NIGER (Franciscus). Ars epistolandi; in-4°. *Friburgi*, Frid. Riederer, 1499. H. *11879

1022. NOGAROLUS (Leonardus). Officium et missa immaculatæ Conceptionis b. Mariæ Virginis; in-4°. — *S. l. n. d. n. typ.* [*Norimbergæ*, Koberger?]

1023. NONIUS Marcellus; FESTUS Pompeius et VARRO. De proprietate sermonum; in-fol. *Venetiis*, Philippus Pincius, 1496. H. *11907

1024. ⸺ De proprietate sermonum; in-fol. *Venetiis*, Antonius de Guzago, 1498. H. *11908

1025. NOVIMAGIO (Rudolphus de). Legenda Alberti Magni; in-4°. *Coloniæ*, Joh. Kœlhoff, 1490. H. *11915

O

1026. OCKAM (Guillelmus). Quodlibeta septem; in-4°. *Parisiis*, Petrus Rubeus, 1487. H. *11940

1027. ⸺ Quodlibeta septem una cum tractatu de sacramento altaris; in-fol. *Argentinæ*, 1491. — *S. typ.* H. *11941

1028. ⸺ Quodlibeta septem; in-4°, 136 ffnc., car. goth., 2 col. de 41 ll., sign. a-r. — *S. l.* [*Lugduni*] *n. d. n. typ.*

1029. ⸺ Quæstiones et decisiones in IV libros Sententiarum cum Centilogio theologico; in-fol. *Lugduni*, Johannes Trechsel, 1495. H. *11942

1030. ⸺ Tractatus logicæ; in-fol. *Parisiis*, in clauso Brunelli, 1488. — *S. typ.* H. *11948

1031. ⸺ In primum librum Sententiarum; in-fol., 1483. — *S. l.* [*Argentinæ*] *n. typ.* H. *11945

1032. ODONIS (Geraldus ODO, sive de). Expositio in Aristotelis ethicam; in-fol. *Venetiis*, Simon de Luere, 1500. H. *11969

1033. ONSSHUSEN (Werner de). Tractatus trium quæstionum; in-4°. *Tubingæ*, 1500. — *S. typ.* H. *12011

1034. ORBELLIS (Nicolaus de). Compendium mathematicum; in-4°. *Bononiæ*, Henricus de Haerlem, 1485. H. 12042

1035. ⸺ Expositio logicæ; in-4°. *Parmæ*, impensis Damiani de Moyllis et Johannis Antonii de Montalli, 1482. H. *12043

1036. ⸺ Expositio logicæ; in-4°. *Basileæ*, M. Furter, 1494. H. *12044

1037. ⸺ Expositio in XII libros Metaphysicæ Aristotelis secundum viam Scoti; in-4°. *Bononiæ*, Henricus de Haerlem et Matthæus Crescentinus, 1485. H. 12049

1038. ORDNUNG des Gerichts; in-4°. *Argentinæ*, H. Knoblochzer, 1482.

1039. OROSIUS (Paulus). Historiarum adversus paganos libri VII; in-fol. *Venetiis*, O. Scot, 1483. H. *12102

1040. OVIDIUS. De arte amandi et de remedio amoris; in-fol. *Venetiis*, Joh. Tacuinus, 1494. H. *12220

1041. ⸺ Fastorum libri cum commentario Pauli Marsi; in-fol. *Venetiis*, Antonius Bactibovis Alexandrinus, 1485. H. *12240

P

1042. PALUDE (Petrus de). Scriptum in quartum Sententiarum; in-fol. *Venetiis*, Bonetus Locatellus, 1493. H. *12286

PALUDE (Petrus de). — Cf. SERMONES thesauri novi.

1043. PAMPHILUS. Livre d'amours; in-fol. *Paris*, Verard, 1494.

1044. PANORMITANUS (Nicolaus). Lectura super V libros Decretalium; in-fol. *Basileæ*, 1477. — *S. typ.* [Bern. Richel.] H. *12309

1045. ⸺ Lectura super V libros Decretalium; in-fol. *Basileæ*, 1480-1481. — *S. typ.* [J. Amerbach?] H. *12312

1046. PANORMITANUS (Nicolaus). Lectura super V libros Decretalium; in-fol. *Basileæ*, Johannes de Amerbach, 1488. H. *12315

1047. ⸺ Lectura super V libros Decretalium; in-fol. *Venetiis*, Baptista de Tortis, 1497. H. *12318

1048. ⸺ Consilia cum tabula Ludovici Bolognini; in-fol. — *S. l. n. d. n. typ.* [*Argentinæ*, Eggesteyn.] H.* 12343

1049. ⸺ Consilia; in-fol. *Venetiis*, Peregrinus de Pasqualibus et Dominicus de Bertochis, 1486. H. *12348

1050. PANORMITANUS (Nicolaus). Processus judiciarius; in-4°. *Basileæ*, M. Furter, 1490. H. 12366

1051. ⸺ Glossæ Clementinæ; in-fol.; 32 ffnc., car. goth., 2 col. de 70 ll., sign. a-d. — S. l. n. d. n. typ.

1052. PAPIAS. Vocabularium; in-fol. *Venetiis*, Theodorus de Ragazonibus de Asula, 1491. H. *12380

1053. ⸺ Vocabularium; in-fol. *Venetiis*, Phil. Pincius, 1496. H. *12381

1054. PARALDUS (Guillelmus). Summa de virtutibus et de vitiis; in-fol. — S. l. n. d. n. typ. [*Basileæ*, M. Wenssler et Fridericus Biel, 1477.] H.*12384

1055. ⸺ Summa de virtutibus ....; in-fol. — S. l. n. d. n. typ. H. *12385

1056. ⸺ Summa de virtutibus; in-fol. *Parisiis*, Wolgang Hopyl, 1490.

1057. ⸺ Summa de virtutibus ....; in-8°. *Brixiæ*, Angelus et Jacobus de Britannicis, 1494. H. *12389

1058. ⸺ Summa de virtutibus ....; in-4°. *Basileæ*, Joh. de Amerbach, 1497. H. *12390

1059. PARATUS. Sermones de tempore et de Sanctis; in-fol. — S. l. n. d. n. typ. H. *12398

1060. ⸺ Sermones; in-fol. *Norimbergæ*, A. Koberger, 1493. H. *12412

1061. PARDUS (Hieronymus). Medulla dialectices; in-fol. *Parisiis*, Félix Baligault, 1500. H. 12414

1062. PARENTINIS (Bernardus de). Expositio officii missæ seu lilium missae; in-fol. — S. l. n. d. n. typ. H. *12416

1063. ⸺ Expositio officii missæ; in-fol. 1487. — S. l. n. typ. [*Argentinæ*, Joh. Pruss.] H. *12420

PAULUS Diaconus. — Cf. HOMILIARIUS Doctorum.

1064. PAULUS scriptor ord. Minorum. Lectura in libro I Sententiarum; in-fol. *Tubingæ*, Joh. Otmar, 1498. H. *12493

1065. PAULUS Venetus. Logica; in-4°, 77 ff., car. goth., 2 col. de 37 ll. — S. l. n. d. n. typ.

1066. ⸺ Logica; in-fol. *Venetiis*, Oct. Scot, 1499. H. *12505

1067. ⸺ Sophismata aurea; in-fol. *Padiæ*, Nicolaus Girardenghus, 1483. H. 12507

1068. PELBARTUS de Themeswar. Sermones de Sanctis; in-fol. *Haganoæ*, Henricus Gran, 1500. H. *12556

1069. ⸺ Sermones de tempore; in-fol. *Haganoæ*, H. Gran, 1500. H. *12552

1070. PAULUS Venetus. Sermones quadragesimales; in-fol. *Haganoæ*, H. Gran, 1500. H. *12560

Dans l'un des deux exemplaires de la Bibliothèque de Colmar, les 38 premiers ff. ont été réimprimés, ainsi que l'indique Hain.

1071. ⸺ Stellarium coronæ Virginis Mariæ; in-fol., *Haganoæ*, Henricus Gran, 1498. H. 12566

1072. PEREGRINUS (Frater). Sermones de tempore et de Sanctis; in-fol. — S. l. n. d. n. typ. [*Eustadii*, Reyser.] H. *12580

1073. ⸺ Sermones de tempore et de Sanctis; in-fol. — S. l. n. d. n. typ. [*Ulmæ*, Joh. Zainer.] H. *12581

1074. ⸺ Sermones de tempore; in-fol. 1484. — S. l. n. d. n. typ. H. *12584

1075. ⸺. Sermones; in-4°, 1495. — S. l. n. typ. H. *12586

1076. PEROTTUS (Nicolaus). Cornucopiæ linguæ latinæ; in-fol. *Venetiis*, Philippus Pincius, 1494. H. *12701

1077. ⸺ Cornucopiæ ....; in-fol. *Venetiis*, Dionysius Bertochus, 1494. H. 12702

1078. ⸺ Cornucopiæ ....; in-fol. *Venetiis*, Johannes Tacuinus, 1496. H. *12704

1079. ⸺ Cornucopiæ ....; in-fol. *Venetiis*, Aldus Manutius, 1499. H. *12706

1080. PERSIUS (Aulus Flaccus). Satyræ cum commento Bartholomæi Fontii; in-fol. *Venetiis*, Dionysius Bertochus, 1484. H. 12724

1081. ⸺ Satyrae cum commento Joh. Britannici et Jodoci Badii Ascensii; in-fol. *Lugduni*, Nicolaus Wolf, 1499. H. 12733

1082. ⸺ Satyræ cum commento Bartholomæi Fontii et Joh. Britannici; in-fol. *Venetiis*, Petrus Joh. de Quarengis, 1495. H. *12739

1083. PESTILENZ. Ein Tractat von der tödtlichen Sucht der Pestilenz; in-4°. 1482. — S. l. n. typ. H. *12746

1084. PETRARCA (Franc.). Opera; in-fol. *Basileæ*, Joh. de Amerbach, 1496. H. 12749

1085. ⸺ De remediis utriusque fortunæ; in-fol. — S. l. n. d. n. typ. [*Argentinæ*, H. Eggesteyn). H. *12790

1086. ⸺ De remediis ....; in-fol. — S. l. n. d. n. typ. H. *12791

1087. PETRUS-JACOBUS de Montepessulano. Tractatus de arbitris ....; in-fol., 56 ffnc., car. goth., 2 col. de 51 ll., sign. n-t. — S. l. n. d. n. typ.

1088. PETRUS Mantuanus. Logica; in-4°. Bonetus Locatellus, 1492. — [*Venetiis*.] H. *12853

1089. PFEFFER (Johannes) de Wydenberg. Directorium sacerdotale; in-fol. — S. l. n. d. n. typ. H. 12862

1090. PFEFFER (Johannes) de Wydenberg. Tractatus de materiis indulgentiarum; in-fol. — S. l. n. d. n. typ. H. 12863

1091. PHARETRA auctoritates et dicta doctorum, philosophorum et poetarum continens; in fol. — S. l. n. d. n. typ.[Argentinæ, Mentelin.] H. *12908

1092. PHILELPHUS (Franciscus). Orationes cum aliis opusculis; in-fol. Venetiis, Philippus Pincius, 1496. H. *12925

1093. ᙏ Epistolarum libri XVI; in-4°. — S. l. n. d. n. typ. [Basileæ, Johannes Amerbach.] H. *12929

1094. ᙏ Epistolarum libri; in-fol. Venetiis, Bernardinus de Choris, 1489. H. 12939

1095 ᙏ Epistolarum libri ; in-4°. Basileæ, N. Kessler, 1500. H. *12948

1096. PHILELPHUS (Johannes Marius). Novum Epistolarium ; in-4°. Basileæ, Johannes de Amerbach, 1495. H. *12979

PICCOLOMINI. — Cf. Æneas Sylvius.

1097. PICUS (Johannes), Mirandulæ comes. Opera philosophica et theologica, cum ejus vita; in-fol. Bononiæ, Benedictus Hectoris, 1495. H. *12992

1098. ᙏ Opera ....; in-fol. Venetiis, Bernardinus Venetus, 1498. H. *12993

1099. ᙏ Aureæ epistolæ; in-4°, 24 ffnc., car. goth., 43-44 ll. 1., 1495. — S. l. n. typ. [Spiræ, Conrad Hist.] H. 12995

1100. PISIS (Raynerius de). Pantheologia seu summa universæ theologiæ; in-fol. — S. l. n. d. n. typ. [Basileæ, B. Rodt.] H. *13014

1101. ᙏ Pantheologia; in-fol. Norimbergæ, Johannes Sensenschmidt et Henricus Kefer, 1473. H. *13015

1102 ᙏ Pantheologia; in-fol., 1474. — S. l. n. typ. [Augustæ, Gunther Zainer.] H. *13016

1103. ᙏ Pantheologia; in-fol. Norimbergæ, A. Koberger, 1474. H. *13017

PIUS II. — Cf. Æneas Sylvius.

1104. PLATEA (Franciscus de). Tractatus de restitutionibus et tractatus de usuris; in-fol. Parisiis, Ul. Gering, in sole aureo. — S. d.

1105. PLATEA. Opus restitutionum, usurarum et excommunicationum; in-fol. Paduæ, Leonardus de Basilea, 1473. H. *13036

1106 ᙏ Tractatus restitutionum, usurarum et excommunicationum; in-fol. Spiræ, P. Drach, 1489. H. *13041

1107. PLATINA (Bartholomæus seu Baptista). Vitæ Pontificum; in-fol. Norimbergæ, A. Koberger, 1481. H. *13047

1108. ᙏ De honesta voluptate ; in-4°. Civitas Austriæ [Frioul], Gerardus de Lisa de Flandria, 1480. H. *13052

1109. PLATO. Opera latine a Marsilio Ficino; in-fol. Florentiæ, Laurentius Venetus. — S. d. H. *13062

1110. ᙏ Opera latine a Marsilio Ficino; in-fol. Venetiis, Bernardinus de Choris et Simon de Luere, 1491. H. *13063

1111. PLAUTUS (M. Accius), Comœdiæ XX, cum interpretatione Petri Vallæ et Bern. Saraceni; in-fol. Venetiis, Simon Bevilaqua, 1499. H. *13082

1112. PLINIUS (C. Cæcilius). Historia naturalis; in-fol. Venetiis, Johannes Aloysius de Varisio, 1499. H. 13104

1113. PLINIUS Secundus. Epistolæ, Panegyricus et (Aurelii Victoris) liber de viris illustribus; in-4°. Venetiis, Ant. Moretus. — S. d. H. 13117

1114. POENITEAS cito; in-4°. — S. l. n. d. n. typ. H. *13156

1115. POGGIUS (Johannes). Facetiæ; in-4°. — S. l. n. d. n. typ. [Eustadii, Reyser.] H. 13184

1116. ᙏ Facetiæ; in-4°; die 15 octobris 1488. — S. l. n. typ. H. 13194

1117. ᙏ Facetiæ; in-4°; die 15 octobris 1498. — S. l. n. typ. H. 13198

1118. POGGIUS (Joh. Franc.). Epistola de morte Hieronymi; in-4°; 4 ff. — S. l. n. d. n. typ.

1119. ᙏ Modus epistolandi ; in-4°; 6 ff., car. rom., 35 ll. 1. Oppenheym.—;S. d. n. typ.

1120. POLITIANUS (Angelus). Opera et alia lectu digna; in-fol. Venetiis, Aldus Manutius, 1498. H. *13218

1121. ᙏ Panepistemon; in-4°. Florentiæ, Antonius Miscominus, 1491. H. 13225

POLITIANUS. — Cf. Vitruvius.

1122. POLYCARPUS (S.). Epistola; in-fol. Parisiis, Joh. Higman et Wolfgang Hopyl, 1498. H. *6233

1123. PONTANUS (Ludovicus) de Roma. Singularia in causis criminalibus; in-fol. — S. l. n. d. n. typ. [Argentinæ, Eggesteyn.] H. *13267

1124. PRÆCORDIALE sacerdotum; in-8°. Basileæ, 1489. — S. typ. H. *13319

1125. PROSPER. De vita contemplativa atque actuali sive de norma ecclesiasticorum; in-4°. 1486? — S. l. n. typ. H. *13417

1126. ᙏ Epigrammata de virtutibus et vitiis; in-4°. Moguntiæ, Petrus de Friedberg, 1493. H. 13422

1127. PSALTERIUM latino-germanicum cum expositione; in-fol. — S. l. [Argentinæ] n. d. n. typ. H. *13508

1128. PTOLOMÆUS (Claudius). Opus quadripartitum; in-fol. Venetiis, Bonetus Locatellus, 1493. H. *13544

Q

1129. QUADRAGESIMALE de filio prodigo; in-8°. *Basileæ.* M. Furter, 1495. H. *13628
1130. QUINTILIANUS. Institutiones oratoriæ; in-fol. *Venetiis,* Lucas Venetus Dominici filius, 1482. H. *13649

1131. QUINTILIANUS. Institutiones oratoriæ, cum commento Raphaelis Regii; in-fol. *Venetiis,* O. Scot, 1493. H. *13652

R

1132. RAMPIGOLLIS (Antonius). Biblia aurea; in-fol. — *S. l. n. d. n. typ.* [*Augustæ,* in monasterio SS. Ulrici et Afræ.] H. *13678
1133. ⋙ Biblia aurea; in-fol. *Ulmæ,* Joh. Zainer, 1475. H. *13681
1134. ⋙ Biblia aurea; in-fol. *Ulmæ,* Joh. Zainer, 1476. H. *13682
1135. RAYMUNDUS (S.) de Pennaforti. Summula sacramentorum; in-4°. *Coloniæ,* H. Quentell, 1495. H. *13707
1136. ⋙ Summula sacramentorum; in-4°. *Coloniæ,* H. Quentell, 1500. H. *13710
1137. REFORMATION der Stadt Worms; in-fol. 1498. — *S. l. n. typ.* H. *13719
1138. REGINALDETUS (Petrus). Speculum finalis retributionis; in-8°. *Parisiis,* Steph. Jehannot, 1495.
1139. REGIOMONTANUS (Johannes). Epitoma in Almagestum Ptolemæi; in-fol. *Venetiis,* Johannes Hamman, 1496. H. *13806
1140. REGNIERUS (Helias). Casus longi sexti Decretalium et Clementinarun; in-fol. 1488. — *S. l.* [*Argentinæ*] *n. typ.* H. *13812
1141. ⋙ Casus longi sexti Decretalium et Clementinarum; in-fol. *Argentinæ,* 1496. — *S. typ.* H. *13816
1142. REGULÆ cancellariæ; in-4°. — *S. l. n. d. n. typ.*
1143. REGULÆ chori; in-fol. — *S. l. n. d. n. typ.*

1144. REGULÆ congruitatum; in-4°; 12 ff., car. goth., 35-36 ll. — *S. l. n. d. n. typ.*
1145. REUCHLIN (Johannes). De verbo mirifico; in-fol. — *S. l. n. d. n. typ.* [*Basileæ,* Amerbach.] H. *13880
1146. ⋙ Scenica progymnasmata; in-4°. *Basileæ,* Joh. Bergmann de Olpe, 1498. H. 13882
1147. RHASIS (Mohammed). Liber nonus ad Almansorem cum commentariis Sillani de Nigris; in-fol. *Venetiis,* Otinus de Luna, 1497. H. *13897
1148. RICHARDUS de S. Victore. Benjamin minor; in-8°, 1494. — *S. l. n. typ.* H. *13912
1149. RIEDERER (Friedrich). Spiegel der wahren Rhetorik; in-fol. *Friburgi,* F. Riederer, 1493. H. 13914
1150. RODERICUS de Zamora. Speculum vitæ humanæ; in-fol. *Beromunster,* Helyas de Lauffen, 1472. H. 13941
1151. ⋙ Speculum vitæ; in-fol. *Argentinæ,* M. Flach, 1475. H. *13944
1152. RODULPHIS (Laurentius). Tractatus contines materiam usurarum; in-fol. *Pisciæ,* impensis Bastiani et Raphaelis de Orlandis, 1490. H. *13959
1153. RUPERTUS abbas Tuiciensis. De victoria Verbi Dei; in-fol. *Augustæ,* A. Sorg, 1487. H. *14046

S

1154. SABUNDE (Raymundus de). Theologia naturalis, s. liber creaturarum; in-fol. *Lugduni,* G. Balsarin, 1486. H. *14066
1155. ⋙ Theologia naturalis; in-fol. *Argentinæ,* M. Flach, 1496. H. *14069
1156. SACROBOSCO (Johannes de). Sphæræ mundi, opusculum una cum additionibus peropportune insertis ac familiarissima textus expositione Petri (*de Alliaco*); in-fol. *Parisiis,* Wolfgang Hopyl, 1494. H. 14119
1157. ⋙ Sphæræ mundi, ...; in-fol. *Parisiis,* Guido Mercator, 1498. H. 14120
1158. SALIS (Baptista de). Summa casuum conscientiæ, dicta Rosella seu Baptistiana; in-fol. 1488. — *S. l.* [*Spiræ*] *n. typ.* H. *14180

1159. SALIS (Baptista de). Summa casuum conscientiæ; in-fol. *Norimbergæ,* A. Koberger, 1488. H. *14181
1160. ⋙ Summa casuum...; in-8°. *Venetiis,* Georgius Arrivabene, 1495. H. *14183
1161. ⋙ Summa casuum...; in-8°. *Venetiis,* Paganinus de Paganinis, 1499. H. *14186
1162. SALLUSTIUS (C. Crispus). Opera, i. e. Bellum Catilinarium et Jugurthinum cum Laurentii Vallæ commentario in bellum Catilinarium; in-fol. *Venetiis.* — *S. d. n. typ.* [Barthol. de Zanis?] H. 14220
1163. ⋙ Opera... cum Laurentii Vallæ commentario in bellum Catilinarium et Joh. Soldi in bellum Jugurthinum; in-fol. — *S. l. n. d. n. typ.* H. *14228

1164. SALLUSTIUS (C. Crispus). Opera; in-fol. *Parisiis*, A. Bocard, Joh. Alexander et Joh. Parvus, 1497. H. 14232

1165. SALOMON et MARCOLPHUS. Dialogus s. collationes inter Salomonem et Marcolphum; in-4°. — *S. l. n. d. n. typ.* [*Argentinæ*, II. Knoblochzer.] H. *14246

1166. SAVONAROLA (Hieronymus). Expositio in psalmum *In te Domine speravi*; in-4°. — *S. l. n. d. n. typ.* H. *14413

1167. SAVONAROLA (Michael). De balneis et thermis naturalibus omnibus Italiæ; in-fol. *Venetiis*, Christophorus de Pensis. — *S. d.* H. *14492

1168. SCHEDEL (Hartmann). Liber chronicarum; in-fol. *Norimbergæ*, A. Koberger, 1493. H. *14508

1169. ⸺ Liber chronicarum, germanice; in-fol. *Norimbergæ*, A. Koberger, 1493. H. *14510

1170. SCHILDIZ (Hermannus). Speculum manuale sacerdotum; in-4°. — *S. l. n. d. n. typ.* [*Argentinæ*, Joh. Pruss, 1482.] H. *14518

1171. SCHOTTUS (Petrus). Lucubratiunculæ; in-4°. *Argentinæ*, Martinus Schott, 1498. H. *14524

1172. ⸺ De mensuris syllabarum epitome; in-4°. *Argentinæ*, Joh. Schott, 1500. H. *14525

1173. SCHRIFT (Dise nachfolgende) von geistlichen Weibspersonen; in-4°; 4 ff., car. goth., 38 ll. l. — *S. l. n. d.* [1500?] *n. typ.*

1174. SCRIPTORES rei rusticæ; in-fol. *Regii*, Dionysius Bertochus, 1496. H. 14569

1175. SEELENWURZGARTEN; in-fol. *Ulm*, Conrad Dinckmuth, 1488.

1176. SENECA. Opera philosophica et epistolæ; in-fol. *Tarvisii*, Bernardus de Colonia, 1478. H. *14591

1177. ⸺ Opera et epistolæ; in-fol. *Venetiis*, Bernardinus de Choris, 1492. II. *14594

1178. ⸺ Epistolæ ad Lucilium; in-4°. *Parisiis*, Claudius Jaumar, 1494.

1179. ⸺ Epistolæ ad Lucilium; in-fol. — *S. l. n. d. n. typ.* [Imprimeur à l'*R* bizarre.] H. *14597

1180. ⸺ Epistolæ ad Lucilium; in-4°. — *S. l. n. d. n. typ.* H. 14598 (?)

1181. ⸺ Epistolæ; in-fol. *Lipsiæ*, Arnoldus de Colonia, 1493. II. 14603

1182. ⸺ De quattuor virtutibus seu formula honestæ vitæ; in-fol. — *S. l. n. d. n. typ.* [*Esslingæ*, C. Fyner.] II. *14620

1183. ⸺ De quattuor virtutibus; in-4°. — *S. l.* [*Coloniæ*] *n. d. n. typ.* H. 14623

1184. SENECA. De forma ac honestate vitæ ac remediis fortuitorum; in-fol. — *S. l. n. d. n. typ.* [*Norimbergæ*, F. Creussner, d'après Hain; *Argentinæ*, Eggesteyn, d'après Schorbach, 1473.] H. *14633

1185. SERMO de s. Ursula; in-4°; 6 ff., car. goth., 34 ll. l. — *S. l. n. d. n. typ.*

1186. SERMONES thesauri novi de tempore; in-fol. *Argentinæ*, 1483. — *S. typ.*

1187. SERMONES thesauri novi; in-fol. *Argentinæ*, 1484. — *S. typ.*

1188. SERMONES; in-fol. *Argentinæ*, 1485. — *S. typ.*

1189. SERMONES...; in-fol. *Basileæ*, 1485. - *S. typ.*

1190. SERMONES...; in-fol. *Argentinæ*, 1486. — *S. typ.* [Joh. Gruninger?]

1191. SERMONES...; in-fol. *Norimbergæ*, A. Koberger, 1487.

1192. SERMONES thesauri novi quadragesimales; in-fol. *Argentinæ*, 1487. — *S. typ.* [M. Flach.]

1193. SERMONES...; in-fol. *Argentinæ*, 1488. — *S. typ.* [M. Flach.]

1194. SERMONES...; in-fol. *Argentinæ*, M. Flach, 1491.

1195. SERMONES...; in-fol. *Argentinæ*, M. Flach, 1493.

1196. SERMONES...; in-fol. *Norimbergæ*, A. Koberger, 1496.

1197. SERMONES...; in-fol. *Argentinæ*, M. Flach, 1497.

1198. SIBYLLA (Bartholomæus). Speculum quæstionum peregrinarum; in-4°. *Argentinæ*, Joh. Gruninger, 1490. H. *14720

1199. SOCCUS, ordinis Cisterciensis. Sermones de tempore; in-fol. *Argentinæ*, Joh. Gruninger, 1484. H. *14826

1200. ⸺ Sermones de Sanctis; in-fol. — *S. l. n. d. n. typ.* [*Eustadii*, Reyser.] H. *14829

1201. SOCINUS (Marianus). Tractatus de materia obligationum; in-fol. — *S. l. n. d. n. typ.* H. *14852

1202. SOLINUS. Polyhistor s. de mirabilibus mundi; in-4°. *Venetiis*, Theodorus de Ragazonibus, 1491. H. *14880

1203. SPANGEL (Pallas). Oratio funebris Philippi ducis Bavariæ; in-4°. — *S. l.* [*Argentinæ*] *n. d. n. typ.*

1204. SPECULUM exemplorum; in-fol. *Argentinæ*, 1487. — *S. typ.* H. *14917

1205. SPECULUM exemplorum; in-fol. *Argentinæ*, 1498. — *S. typ.* H. *14918

1206. SPECULUM exemplorum; in-fol. *Argentinæ*, in die sanctæ Barbaræ, 1495. — *S. typ.* H. *14919

SPECULUM humanæ salvationis. — Cf. SPIEGEL.

1207. SPIEGEL der menchlichen Behaltnis....; in-fol. *Basileæ*, Bernardus Richel, 1476. H. *14936

1208. STATUTA concilii Moguntinensis; in-fol.; 30 ffnc., car. goth., 2 col. de 38 ll. — *S. l. n. d. n. typ.*

STAUFFENBERG. — Cf. LEGEND.

1209. STELLA clericorum; in-4°. — *S. l. n. d. n. typ.* H. *15061

1210. STELLA clericorum; in-4°. — *S. l. n. d. n. typ.* H. *15062

1211. STELLA clericorum; in-4°. *Daventriæ*, Richardus Paffroet, 1494. H. *15079

1212. STOEFFLERUS (Johannes). Almanach nova; cum iisdem opus Joh. Pflaumii; in-4°. *Ulmæ*, Joh. Reger, 1499. H. *15085

1213. STRABO. Geographiæ libri XV; in-fol. Johannes Vercellensis, 28 januarii 1494. — *S. l.* [*Venetiis.*] *Diffère de* H. *15090

1214. ⋙ Geographiæ libri XV; in-fol. Johannes Rubeus Vercellensis, 24 aprilis 1494. — *S. l.* [*Venetiis*]? H. *15090

1215. STRODUS (Radulphus). Consequentiæ cum commento Alexandri Sermonetæ et Gaetani de Thienis; in-4°. *Venetiis*, Bonetus Locatellus, 1493. H. *15098

1216. SUISETH (Richardus). Opus aureum calculationum; in-fol. *Papiæ*, Franciscus Girardenghus, 1498. H. *15138

1217. SULPITIUS (Johannes). Opus grammaticum s. de octo partibus orationis; in-4°. *Neapoli.* — *S. d. n. typ.* H. 15145

1218. SUMMA de abstinentia; in-4°. *Parisiis*, F. Baligault. — *S. d.*

1219. SUMMENHART (Conradus a) de Calw. Tractatus de decimis; in-fol. *Haganoæ*, H. Gran, 1497. H. *15177

1220. ⋙ Opus septipartitum de contractibus pro foro conscientiæ; in-fol. *Haganoæ*, H. Gran, 1500. H. *15179

1221. ⋙ Tractatus bipartitus in quo quod Deus homo fieri voluerit...; in-fol. — *S. l. n. d. n. typ.* H. *15181

1222. ⋙ Oratio funebris in officio exequiarum Eberhardi Ducis Wurtemberg; in-4°. *Tubingæ*, Joh. Otmar, 1498. H. *15182

1223. SUMMULÆ logicales modernorum; in-fol. *Spiræ*, P. Drach, 1489. H. *15185

T

1224. TAMBACO (Johannes de). Consolatio theologiæ; in-fol. — *S. l. n. d. n. typ.* [*Eustadii*, Reyser.] H. *15236

1225. ⋙ Consolatio theologiæ; in-8°. *Basileæ*, Joh. de Amerbach, 1492. H. *15237

1226. TARENTA (Valastus de). Practica quæ alias Philonium dicitur; in-fol. *Lugduni*, Mathias Huss, 1490. II. *15251

1227. TARTARETUS (Petrus). Expositio in Summulas Petri Hispani. *Friburgi*, 1494. — *S. typ.* H. *15334

1228. ⋙ In Ethicam Aristotelis; in-4°. *Parisiis*, A. Bocard. — *S. d.*

1229. TERAMO (Jacobus de). Belial s. consolatio peccatorum; in-fol. *Augustæ*, Joh. Schussler, 1472.

1230. ⋙ Belial..., germanice; in-fol. *Argentinæ*, H. Knoblochzer, 1483.

1231. TERENTIUS. Comœdiæ cum commentariis Ælii Donati; in-fol. *Venetiis*, Theodorus de Ragazonibus, 1490. H. *15417

1232. ⋙ Comœdiæ cum commentariis Donati, Guidonis Juvenalis et Joh. Calphurnii, cum directorio vocabulorum, glossa interlineari et commentariis Donati Guidonis et Ascensii; in-fol. *Argentinæ*, Joh. Gruninger, 1496. H. *15431

1233. TERENTIUS. Comœdiæ cum commentariis Guidonis Juvenalis; in-4°. *Lugduni*, Claudius Gibolet, 1497.

1234. ⋙ Comœdiæ cum commentariis Donati, etc. et cum directorio Ascensii; in-fol. *Argentinæ*, Joh. Gruninger, 1499. H. *15432

1235. ⋙ Comœdiæ cum commento Ælii Donati; in-fol. *Venetiis*, Andreas Torresanus, 1490. H. 15399

1236. ⋙ Expositio terminorum Terentii; in-4°. *Parisiis*, Gaspard Philippe. — *S. d.* [1500].

TERENTIUS. — Cf. MALLEOLUS (Paulus).

1237. TEXTOR (Guillelmus). Sermo de Passione Christi; in-4°. — *S. l. n. d. n. typ.*

1238. ⋙ Sermo de Passione Christi; in-4°; 184 ffnc., car. goth., 2 col. de 34-35 ll., sign. a-z. — *S. l. n. d. n. typ.*

1239. ⋙ Sermo de Passione Christi; in-4°; car. goth., ll. l. — *S. l. n. d. n. typ.* [*Basileæ*, Furter.]

1240. THEOCRITUS. Idyllia; in-fol. *Venetiis*, Aldus Manutius, 1495. H. *15477

1241. THEODULUS. Eglogæ; in-4°. *Coloniæ*, H. Quentell, 1492. H. *15484

1242. THEOLOGIÆ ortus, progressus, etc.; in-fol.; 82 ff., car. goth., 34 ll. 1. — *S. l. n. d. n. typ.*

THOMAS. — Cf. AQUINO (Th. de) et ARGENTINA (Th. de).

1243. TINCTOR (Nicolaus). Dicta super Summulas Petri Hispani; in-fol. *Reutlingæ*, Michael Gryff, 1486. H. *15528

1244. TORTELLIUS (Johannes). Commentariorum grammaticorum de orthographia dictionum e græcis tractarum opus; in-fol. *Vicentiæ*, Hermannus Lichtenstein, 1480. H. *15567

1245. ⋙ Commentariorum grammaticorum .... opus; in-fol. *Venetiis*, Johannes Tacuinus, 1495. H. *15574

1246. TRACTATUS de sacra scriptura; in-fol. — *S. l. [Argentinæ] n. d. n. typ.* H. *15592

1247. TRACTATUS contra vitia clamans; in-4. *Argentinæ*, G. Husner, 1498. H. *15594

1248. TRANO (Gaufredus de). Summa super titulos Decretalium, cum introductione in titulos juris; in-fol. *Basileæ*, Nicolaus Kessler, 1487. H. 15600

1249. TRITTENHEIM (Johannes). De scriptoribus ecclesiasticis; in-fol. *Basileæ*, Joh. de Amerbach, 1494. H. *15613

1250. ⋙ De scriptoribus ecclesiasticis; in-4°. *Parisiis*, B. Rembolt, 1497. H. 15614

1251. ⋙ Catalogus illustrium virorum; in-4°. — *S. l. n. d. n. typ.* H. *15615

1252. ⋙ De laude scriptorum; in-4°. *Moguntiæ*, Petrus de Friedberg, 1494. H. *15617

1253. ⋙ De triplici regione claustralium et spirituali exercitio monachorum; in-4°. *Moguntiæ*, Petrus de Friedberg, 1498. H. *15618

1254. ⋙ De statu et ruina monastici ordinis; in-4°. — *S. l. n. d. n. typ. [Moguntiæ*, P. de Friedberg.] H. *15624

1255. ⋙ De statu .... monastici ordinis; in-4°. — *S. l. n. d. n. typ.* H. *15626

1256. TRITTENHEIM (Johannes). Collatio de republica ecclesiæ; in-4°. — *S. l. n. d. n. typ. [Moguntiæ*, P. de Friedberg, 1493?] H. *15629

1257. ⋙ De laudibus sancte Annæ; in-4°. *Moguntiæ*, P. de Friedberg, 1494. H. *15633

1258. TRITTENHEIM (Johannes). De vanitate et miseria vitæ humanæ; in-4°. *Moguntiæ*, Petrus de Friedberg, 1495. H. *15635

1259. ⋙ Oratio de duodecim excidiis observantiæ regularis; in-4°. — *S. l. n. d. n. typ. [Moguntiæ*, P. de Friedberg.] H. *15637

1260. ⋙ Oratio de vera conversione mentis ad Deum; in-4°. — *S. l. n. d. n. typ.* H. 15638

1261. ⋙ De immaculata conceptione virginis Mariæ; in-4°. *Argentinæ*, M. Hupfuff, 1496. H. 15640

1262. TUNDALUS. Libellus de ejus visione, germanice; in-4°. *Argentinæ*, Kistler. — *S. d.*

1263. TURNOUT (Johannes). Casus breves super totum corpus legum; in-fol. — *S. l. n. d. n. typ.* H. *15686

1264. TURRECREMATA (Joh. de). Expositio super toto Psalterio; in-fol. — *S. l. n. d. n. typ.* H. *15689

1265. ⋙ Expositio Psalterii; in-fol. *Lugduni*, N. Philippi. — *S. d.* H. *15690

1266. ⋙ Expositio Psalterii; in-fol. *Moguntiæ*, Petrus Schoiffer, 1478. H. *15701

1267. ⋙ Expositio Psalterii; in-fol. *Argentinæ*, 1482. — *S. typ.* H. *15703

1268. ⋙ Expositio Psalterii; in-fol. *Argentinæ*, 1487. — *S. typ.* H. *15707

1269. ⋙ Quæstiones evangeliorum tam de tempore quam de sanctis et flos theologiæ; in-fol. — *S. l. n. d. n. typ.* H. *15713

1270. ⋙ Quæstiones evangeliorum ....; in-fol. — *S. l. n. d. n. typ.* H. *15714

1271. ⋙ Quæstiones evangeliorum; in-fol. — *S. l. n. d. n. typ.* H. *15715

1272. ⋙ Quæstiones evangeliorum; in-fol. *Basileæ*, Eberhard Fromolt, 1481. H. *15716

1273. ⋙ Meditationes seu contemplationes; in-fol. Johannes Neumeister, 1479. — *S. l. [Moguntiæ.]* H. *15726

1274. ⋙ De potestate Papæ et Concilii generalis; in-fol. *Coloniæ*, Henricus Quentell, 1480. H. *15729

1275. ⋙ Summa de Ecclesia. Contra impugnatores potestatis summi Pontificis; in-fol. *Lugduni*, Joh. Trechsel, 1496. H. *15732

U

1276. ULMEUS (Paulus). Apologia religionis fratrum Heremitarum ordinis S. Augustini; in-4°. *Romæ*, in domo Franc. de Cinquinis, 1479. H. 16086

1277. USUARDUS. Martyrologium; in-fol. *Coloniæ*, Joh. Kœlhoff, 1490. H. 16111

1278. UTINO (Leonardus de). Sermones quadragesimales de legibus dicti; in-fol. *Spiræ*, Petrus Drach, 1479. H. 16120

1279. UTINO (Leonardus de). Sermones de sanctis; in-fol. — *S. l. n. d. n. typ. [Moguntiæ*, 1474.] H. *16126

1280. ⋙ Sermones ....; in-fol. *Ulmæ*, Johannes Zainer, 1475. H. *16133

1281. ⋙ Sermones ....; in-fol. *Norimbergæ*, A. Koberger, 1478. H. *16134

V

1282. VALERIUS MAXIMUS. Factorum dictorumque memorabilium libb. IX cum commento Oliverii Arzignanensis; in-fol. *Venetiis,* Guillelmus de Tridino, 1491. H. *15791

1283. ᨆ Factorum .... libri IX; in-fol. *Venetiis,* 1494. — *S. typ.* H. *15793

1284. ᨆ Factorum .... libri IX; in-fol. *Venetiis,* Bonetus Locatellus, 1493. H. *15792

1285. VALLA (Laurentius). Elegantiæ latini sermonis; in-fol. *Coloniæ,* Johannes Kœlhoff, 1482. H. *15812

1286. ᨆ Elegantiæ latini sermonis cum commentariis Guidonis Juvenalis; in-4°. *Parisiis,* Gaspardus Philippe. — *S. d.* [1491?].

1287. ᨆ Elegantiæ ....; in-fol. *Venetiis,* Philippus Pincius, 1492. H. *15818

1288. ᨆ Elegantiæ ....; in-fol. *Venetiis,* Baptista Sessa, 1499. H. 15822

1289. VALLE (Robertus de). Compendium memorandorum, vires naturales et commoda comprehendens a Plinio data; in-4°. *Parisiis,* Durandus Gerlier, 1500. H. 15836

1290. ᨆ Explanatio locorum Plinii difficiliorum; in-4°. *Parisiis,* Durandus Gerlier et Baligault, 1500. H. 15837

1291. VALTA (Petrus Ludovicus). Expositio Symboli apostolici; in-fol. *Veronæ,* Boninus de Boninis de Ragusia, 1483. H. *15848

1292. VAN DER DREISCHE. De psalterio beatæ Virginis Mariæ; in-4°. *Coloniæ,* Arnoldus Terhoernen, 1478. H. 6409 et *15831

VARRO. — Cf. Nonius Marcellus.

1293. VEGIUS (Maphæus). Philalethes; in-4°. — *S. l. n. d. n. typ.* H. *15926

1294. ᨆ Philalethes; in-4°. — *S. l. n. d. n. typ.* H. *15927

1295. VERCELLIS (Antonius de). Quadragesimale de XII mirabilibus Christianæ fidei excellentiis; in-4°. *Venetiis,* Joh. et Gregorius de Gregoriis, 1492. H. *15949

1296. VERDENA (Joh.). Sermones Dormi secure ....; in-fol. *Argentinæ,* 1489. — *S. typ.* H. *15960

1297. ᨆ Sermones ....; in-4°. *Basileæ,* 1489. — *S. typ.* [J. de Amerbach.] H. *15961

1298. ᨆ Sermones ....; in-fol. *Norimbergæ,* A. Koberger, 1486. H. *15976

1299. ᨆ Sermones ....; in-4°. *Norimbergæ,* Georgius Stuchs, 1489. H. *15978

1300. VERGERIUS (P. P.). De ingenuis moribus; in-4°, 56 ffnc., car. goth., 24 ll. l., sign. A.-G., tit. cour., initiales gravées. *Parisiis,* De Marnef. — *S. d.*

1301. VERSOR (Johannes). Glossulæ in Aristotelis philosophiæ naturalis libros; in-4°. *Lugduni,* Joh. Trechsel, 1489. H. *16022

1302. ᨆ Glossulæ super Summulas Petri Hispani; in-4°. *Lugduni,* Nic. Philippi, 1488.

1303. ᨆ Glossulæ super Summulas Petri Hispani; in-4°, 200 ffnc., car. goth., 2 col., 33 ou 53 ll., sign. a.-z, tit. cour. — *S. l. n. d. n. typ.*

1304. ᨆ Quæstiones super totam veterem artem Aristotelis; in-fol. — *S. l. n. d. n. typ.* H. *16026

1305. ᨆ Super omnes libros novæ logicæ; in-fol. — *S. l. n. d. n. typ.* H. *16029

1306. ᨆ Dicta super septem tractatus summularum Petri Hispani; in-4°. *Coloniæ,* H. Quentell, 1489. H. *16038

1307. ᨆ Quæstiones super VIII lib. physicorum Aristotelis; in-fol. *Coloniæ,* Henricus Quentell, 1497. H. *16043

1308. ᨆ Quæstiones super libros Aristotelis de cœlo et mundo, etc.; in-fol. III nonas martii, etc., 1488. — *S. l. n. typ.* H. *16046

1309. ᨆ Quæstiones de cœlo et mundo .... In die Sixti papæ, 1493. — *S. l. n. typ.* H. *16048

1310. ᨆ Quæstiones super Metaphysicam Aristotelis; in-fol. — *S. l.* [*Coloniæ*] *n. d. n. typ.* H. *16051

1311. ᨆ Quæstiones super libros ethicorum Aristotelis; in-fol. *Coloniæ,* H. Quentell, 1491. H. *16053

1312. ᨆ Quæstiones super octo libros politicorum Aristotelis; in-4°. *Coloniæ,* H. Quentell, 1497. H. *16056

1313. VINCENTIUS Bellovacensis. Opuscula; in-fol. *Basileæ,* Joh. de Amerbach, 1481.

1314. ᨆ Speculum doctrinale; in-fol. *Norimbergæ,* Koberger, 1486.

1315. ᨆ Speculum doctrinale; in-fol. *Venetiis,* Hermannus Lichtenstein, 1494.

1316. ᨆ Speculum historiale; in-fol. — *S. l. n. d. n. typ.* [*Norimbergæ,* Koberger, 1486.]

1317. ᨆ Speculum historiale; in-fol. 1474. — *S. l. n. typ.* [*Augustæ,* A. Sorg.]

1317 bis. ᨆ Speculum historiale; in-fol. *Venetiis,* Herm. Lichtenstein, 1494.

1318. ᨆ Speculum morale; in-fol. — *S. l. n. d. n. typ.*
   [Edition faite par Mentelin à *Strasbourg,* mais différant de l'exemplaire cité n° 1319, par l'absence de souscription.]

1319. ᨆ Speculum quadruplex; in-fol. *Argentinæ,* Mentelin, 1473-1476.

1320. VINEA spiritualis; in-4°. — *S. l. n. d. n. typ.* [*Coloniæ,* Terhoernen?]

1321. VINO (Tractatus de) et eius proprietate; in-4°; 8 ff., car. rom., 28 ll. 1. — *S. l. n. d. n. typ.*

1322. VIRGILIUS. Opera cum commento; in-fol. Antonius Lambillon, 1492. — *S. l.* [*Venetiis.*]

1323. ⚬⚬⚬ Opera cum quinque commentariis, videlicet Servii, Landini, Ant. Mancinelli, Donati, Domitii Calderini; in-fol. *Venetiis*, Bartholomœus de Zanis, 1494.

1324. ⚬⚬⚬ Opera cum commentariis quinque, videlicet Servii, Landini, Ant. Mancinelli, Donati, Domitii Calderini; in-fol. *Venetiis*, Simon Bevilaqua, 1497.

1325. ⚬⚬⚬ Opera; in-fol. *Venetiis*, Lucas-Antonius Giunta, 1500.

1326. VITRUVIUS, De architectura. FRONTINUS, de aquæductibus. POLITIANUS, panepistemon et lamia; in-fol. *Florentiæ*, 1496. — *S. typ.*

1327. VIVETUS (Johannes). De orthographia; in-4°. *Parisiis*, Antonius Denidel. — *S. d.*

1328. VOCABULARIUS breviloquus cum arte diphthongandi GUARINI; in-fol.; car. goth., 2 col. de 50 ll., sign. a-z, A-Z. — *S. l. n. d. n. typ.*

1329. VOCABULARIUS; in-fol. *Basileæ*, 1478. — *S. typ.* [Joh. de Amerbach?]

1330. VOCABULARIUS; in-fol. *Basileæ*, 1481. — *S. typ.* [Joh. de Amerbach.]

1331. VOCABULARIUS; in-fol. *Basileæ*, 1482. — *S. typ.*

1332. VOCABULARIUS breviloquus; in-fol. *Luydduni*, Petrus Hungarus, 1482.

1333. VOCABULARIUS; in-fol. *Basileæ*, N. Kessler, 1486.

1334. VOCABULARIUS; in-fol. *Basileæ*, 1487. — *S. typ.* [N. Kessler.]

1335. VOCABULARIUS; in-fol., car. goth., 2 col. de 53 ll. *Coloniæ*, 1487. — *S. typ.*

1336. VOCABULARIUS; in-fol. *Argentinæ*, in profesto ss. Viti et Modesti, 1488. — *S. typ.*

1337. VOCABULARIUS; in-fol. *Argentinæ*, in die s. Leonardi, 1489. — *S. typ.*

1338. VOCABULARIUS; in-fol. *Argentinæ*, altera die post festum s. Jacobi, 1491. — *S. typ.*

1339. VOCABULARIUS juris; in-fol. *Spiræ*, Petrus Drach, 1477.

1340. VOCABULARIUS juris; in-fol. *Norimbergæ*, A. Koberger, 1481.

1341. VOCABULARIUS juris; in-fol. *Argentinæ*, 1486. — *S. typ.*

1342. VOCABULARIUS juris; in-fol. *Argentinæ*, idibus Augusti, 1494. — *S. typ.*

1343. VORAGINE (Jacobus de). Legenda aurea; in-fol., 394 ff., car. goth., 40 ll. — *S. l.* [*Argentinæ*] *n. d. n. typ.*

1343 bis ⚬⚬⚬ Legenda aurea; in-fol., 420 ff., car. goth., 37-38 ll. — *S. l.* [*Argentinæ*] *n. d. n. typ.*

1344. ⚬⚬⚬ Legenda; in-fol., 184 ffnc., car. goth., 2 col. de 61 ll. — *S. l. n. d. n. typ.* [*Basileæ*, B. Rodt.]

1345. ⚬⚬⚬ Legenda; in-fol. *Norimbergæ*, A. Koberger, 1478.

1346. ⚬⚬⚬ Legenda; in-fol. *Argentinæ*, 1479. — *S. typ.* [Husner.]

1347. ⚬⚬⚬ Legenda; in-fol. *Venetiis*, Ant. de Strata et Marcus Schalvicola, 1480.

1348. ⚬⚬⚬ Legenda; in-fol. *Norimbergæ*, A. Koberger, 1481.

1349. ⚬⚬⚬ Legenda aurea; in-fol., car. goth., 41 ll., tit. cour., 1481. — *S. l. n. typ.*

1350. ⚬⚬⚬ Legenda; in-fol., 1482. — *S. l. n. typ.* [*Basileæ? Argentinæ?*]

1351. ⚬⚬⚬ Legenda; in-fol. *Argentinæ*, 1483. — *S. typ.*

1352. ⚬⚬⚬ Legenda; in-fol. *Reutlingæ*, Joh. Otmar, 1485.

1353. ⚬⚬⚬ Legenda; in-fol. *Basileæ*, Nicolaus Kessler, 1486.

1354. ⚬⚬⚬ Legenda; in-fol. *Argentinæ*, 1489. — *S. typ.*

1355. ⚬⚬⚬ Legenda; in-fol. *Coloniæ*. Joh. Kœlhoff, 1490.

1356. ⚬⚬⚬ Legenda; in-4°. *Basileæ*, 1490. — *S. typ.*

1357. ⚬⚬⚬ Legenda; in-fol. *Basileæ*, 1491. — *S. typ.*

1358. ⚬⚬⚬ Legenda; in-fol. *Argentinæ*, 1496. — *S. typ.*

1359. ⚬⚬⚬ Legenda; in-4°. *Ulmæ*, Johannes Zainer. — *S. d.*

1360. ⚬⚬⚬ Legenda; in-fol. *Ulmæ*, Joh. Zainer. — *S. d.* [Edition différente.]

1361. ⚬⚬⚬ Legenda, italica traduzione di Niccolò Manerbi; in-fol. — *S. l. n. d. n. typ.*

1362. ⚬⚬⚬ Quadragesimale; in-fol., 40 ll. — *S. l. n. d. n. typ.* [*Ulmæ*, Zainer?]

1363. ⚬⚬⚬ Sermones; in-4°, car. goth., 2 col., 47 ll. — *S. l. n. d. n. typ.*

1364. ⚬⚬⚬ Sermones; in-fol. *Augustæ*, Hermann Kaestlin, 1484.

1365. ⚬⚬⚬ Sermones de sanctis; in-fol., 9 kal. augusti 1484. — *S. l. n. typ.*

1366. ⚬⚬⚬ Sermones; in-4°. *Lugduni*, Joh. Trechsel, 1491.

1367. ⚬⚬⚬ Sermones; in-4°. *Lugduni*, Joh. Trechsel, 1494.

1368. VORAGINE (Jacobus de). Sermones; in-4°. *Venetiis*, Simon de Luere, 1497.

1369. VORRILLONG (Guillelmus). Super IV Sententiarum; in-fol. *Venetiis*, Jacobus Pincius de Leucho, 1496.

W

1370. WANN (Paulus). Sermones de tempore; in-fol. *Haganoæ*, Henricus Gran, 1497. H. *16145

1371. ⁓ Sermones; in-fol. *Haganoæ*, H. Gran, 1499. H. *16146

1372. WIMPHELINGUS (Jacobus). De triplici candore Mariæ; in-4°. — S. l. n. d. n. typ. H. *16170

1373. ⁓ De triplici candore Mariæ; in-4°. *Basileæ*, Joh. Bergmann de Olpe, 1494. H. *16171

1374. ⁓ De nuncio angelico carmen; in-4°, 1495. — S. l. [*Basileæ*] n. typ. H. *16173

1375. WIMPHELINGUS (Jacobus). Isidoneus germanicus de erudienda juventute; in-4°. *Argentinæ*. Joh. Gruninger. — S. d. [1496.] H. *16178

1376. ⁓ Adolescentia; in-4°. *Argentinæ*, M. Flach, 1500. H. *16190

1377. ⁓ Apologetica declaratio in libellum suum de integritate, etc; in-4°, car. goth., ll. l. — S. l. n. d. n. typ.

1378. WIMPINA (Conradus) a Fagis. Oratio invocatoria in missa quodlibet Lipsiensi; in-4°. — S. l. n. d. n. typ. [*Lipsiæ*.] H. *16197

Z

1379. ZERBUS (Gabriel). Quæstionum metaphysicarum libri XII; in-fol. *Bononiæ*, Joh. de Nordlingen et H. de Haerlem, 1482. H. *16285

1380. ZUTPHANIA (Gerardus de). De reformatione virium animæ; in-8°, 1492. — S. l. n. typ. H. *16291

1381. ⁓ Tractatus de spiritualibus ascensionibus; in-8°. — S. l. n. d. n. typ. H. *16296

I. — LISTE ALPHABÉTIQUE

DES NOMS D'IMPRIMEURS

(A la suite de chaque nom sont reproduites les années de publication, avec mention, entre parenthèses, du nombre d'ouvrages publiés pendant une même année.)

A

Alexander (Johannes), *Paris* : 1497.
   Associé avec Andreas Bocard et Johannes Parvus. N° 1164.

Alexandria (de) ou Alexandrinus (Bartholomæus), *Venise* : 1481, 1482 (3), 1485.
   Associé avec Andreas [Torresanus] de Asula et Maphœus de Salodio, en 1481 (n° 229), en 1482 (n°⁵ 379, 504, 688).
   Associé seulement avec Andreas Torresanus de Asula en 1485 (n° 478).
   Nos 229, 379, 478, 504, 688.

Aliate (Alexander), *Paris* : s. d.
   N° 429.

Amerbach (Johannes de), *Bâle* : 1481, 1488, 1489 (3), 1490, 1491, 1492 (2), 1493, 1494 (2), 1495 (2), 1496, 1497 (2), 1498, 1500 (2).
   Associé avec Johannes Froben en 1500 (n°⁵ 380, 693).
   Nos 13 (s. d.), 70, 204, 205, 207, 213, 214, 220, 221, 242 (s. d.), 331, 380, 455, 593, 693, 1046, 1058, 1084, 1096, 1225, 1249, 1313.

Arnoldus (Christophorus), *Venise* : s. d.
   N° 968.

Arrivabene (Georgius) Mantuanus, *Venise* : 1495 (2), 1496 (2), 1498.
   Nos 419, 445, 448, 498, 1160.

Asula (Andreas de). — *Voir* Torresanus (Andreas) de Asula.

Azzoguidus (Balthasar), *Bologne* : 1475.
   N° 472.

B

Bactibovis (Antonius) Alexandrinus, *Venise* : 1485.
   N° 1041.

Baligault (Félix), *Paris* : 1492, 1493 (2), 1500 (4).
   Associé avec Durand Gerlier en 1500 (n° 1290); avec Johannes Parvus en 1500 (n° 594).
   Nos 547 (s. d.), 594, 631 (s. d.), 642, 643, 857, 945, 1061, 1218 (s. d.), 1290.

Balsarin (Guillelmus), *Lyon* : 1486, 1498.
   Nos 465, 1154.

Bartua (Petrus de), *Venise* : 1477, 1478 (2).
   Associé avec Franciscus de Hailbrunn.
   Nos 132, 133, 228.

Basilea (Leonardus de), *Padoue* : 1473.
   N° 1105.

Baumeister (Johannes), *Mantoue* : s. d.
   Associé avec Johannes Vurster.
   N° 174.

Belfortis (Andreas) Gallus, *Ferrare* : 1489.
   N° 157.

Benalius (Bernardinus), *Venise* : 1493, 1500.
   Nos 206, 240.

Benalius (Vincentius), *Venise* : 1493.
   N° 863.

Benedictis (Nicolaus de), s. l. : 1497.
   Associé avec Jacobinus Suigus.
   N° 477.

Benedictis (Plato de), *Bologne* : 1491.
   N° 25.

Bergmann (Johannes). — *Voir* Olpe (Johannes Bergmann de).

Bertochis (Dominicus de), *Venise* : 1486.
   Associé avec Peregrinus de Pasqualibus.
   N° 1049.

Bertochus (Dionysius), *Reggio* : 1496, 1497.
   Nos 533, 1174.

Bertochus (Dionysius), *Venise* : 1484, 1485, 1489, 1491, 1494.
   Associé avec Peregrinus de Pasqualibus en 1485 (n° 809, s. l.).
   Nos 198, 809, 969, 1077, 1080.

Bevilaqua (Simon), *Venise* : 1497, 1498 (3), 1499.
   Nos 3, 904, 1004, 1111, 1324.

Birreta (Johannes Antonius de), *Pavie* : 1489.
   Associé avec Franciscus Girardenghus.
   N° 54.

Bocard (Andreas), *Paris* : 1497 (2), 1500.
   Associé avec Johannes Parvus et Johannes Alexander en 1497 (n° 1164).
   Nos 63 (s. d.), 192, 559, 1164, 1228 (s. d.).

Bonellis (Manfredus de) de Monteferrato, *Venise* : 1497, 1498.
   Nos 348, 350.

Bonetis (Andreas de), *Venise* : 1484.
   N° 200.

Boninis (Boninus de) de Ragusia, *Vérone :* 1483.
No 1291.

Boninis (Boninus de) de Ragusia, *Brescia :* 1488.
No 58.

Bosco (Guillelmus de), *Paris :* 1494.
No 403.

Breda (Jacobus de), *Deventer :* 1491, 1498.
Nos 356, 723.

Britannicis (Angelus et Jacobus de), *Brescia :* 1494.
No 1057.

C

Caillaut (Antoine), *Paris :* s. d.
Nos 62, 201, 409, 932, 1002.

Calabriis (Andreas de) de Papia, *Venise :* 1488, 1491.
Nos 160, 675.

Capcasa (Matthæus) Parmensis, *Venise :* 1495.
No 617.

Carchano (Antonius de), *Pavie :* 1478, 1485, 1497.
Nos 245, 517, 1003.

Cellerius (Bernardinus) de Luere,*Venise :* 1484.
Associé avec Bernardinus Riccius de Novaria.
No 484.

Cereto (Johannes de). — *Voir* Tacuinus (Joh.).

Chaussard (Barnabé), *Lyon :* 1497.
Associé avec Pierre Mareschal.
No 644.

Choris (Bernardinus de), *Venise :* 1489, 1491, 1492.
Associé avec Simon de Lucre en 1491 (no 1110).
Nos 1094, 1110, 1177.

Cinquinis (Franciscus de), *Rome :* 1479 (2).
Nos 913, 1276.

Clein (Johannes), *Lyon :* 1500.
No 446.

Colonia (Arnoldus de), *Leipzig :* 1493.
No 1181.

Colonia (Bernardus de), *Trévise :* 1477, 1478.
Nos 940, 1176.

Colonia (Johannes de), *Venise :* 1474, 1477 (2), 1478, 1479, 1480, 1481 (2).
Associé avec Johannes Manthen en 1474, 1477, 1478, 1479, 1480 (nos 16, 110, 111, 150, 184 (s. d.), 555, 670); — avec Nicolaus Jenson en 1481 (nos 148, 557).

Crantz (Martinus), *s. l. :* s. d.
Associé avec Michael Friburger et Udalricus Gering.
No 558 (s. d.).

Crescentinus (Matthæus), *Bologne :* 1482.
Associé avec Henricus de Haerlem.
No 1037.

Creussner (Fr.), *Nuremberg :* 1477.
Nos 100 (s. d.), 251.

D

David (Hemundus), *Lyon :* 1495.
No 464.

Denidel (Antoine), *Paris :* 1499.
Nos 262 (s. d.), 301 (s. d.), 946 (s. d.), 947, 1327 (s. d.).

Dinkmuth (Conrad), *Ulm :* 1485, 1488.
Nos 581, 1175.

Drach (Petrus), *Spire :* 1477 (3), 1479, 1481 (2), 1482, 1483, 1484, 1487, 1489 (2), 1490, 1500.
Nos 101, 106, 383, 424, 442, 503, 604, 766, 784, 988, 1106, 1223, 1278, 1339.

E

Eggesteyn (Henricus), *Strasbourg :* 1472.
No 837.

F

Flach (Martinus), *Strasbourg :* 1475, 1487, 1488, 1489 (3), 1490 (3), 1491 (3), 1492, 1493 (2), 1494, 1496 (2), 1497 (2), 1498 (3), 1499 (2), 1500 (2).
Nos 45, 95, 96, 97, 98, 161, 197, 199, 290, 347, 364, 417, 418, 496, 497, 500, 652, 668, 757, 810, 953, 1151, 1155, 1194, 1195, 1197, 1376.

Flandria (Gerardus de). — *Voir* Lisa (de).

Fontana (Benedictus), *Venise :* 1499.
No 420.

Fradin (Franciscus), *Lyon :* 1497.
Associé avec Johannes Pivard.
No 323.

Franckfordia (Nicolaus de), *Venise :* 1487 (2).
Nos 447, 493.

Fratres ordinis Heremitarum B. Augustini, *Nuremberg :* 1479 (2).
Nos 22, 663.

Friburger (Michael), *s. l. :* s. d.
Associé avec Martinus Crantz et Udalricus Gering.
No 558 (s. d.).

Friedberg (Petrus de), *Mayence :* 1493, 1494 (2), 1495, 1498.
Nos 1126, 1252, 1253, 1257, 1258.

Froben (Johannes) de Hammelburg, *Bâle :* 1491, 1493, 1494, 1495, 1496 (2), 1498, 1499, 1500 (2).
<small>Associé avec Johannes Petri en 1496 (n° 521) et en 1499 (n° 640); — avec Johannes de Amerbach en 1500 (n°s 380, 693).</small>
N°s 319, 322, 329, 380, 521, 640, 676, 691, 693, 765.

Fromolt (Eberhardus), *Bâle :* 1481.
N° 1272.

Furter (Michael), *Bâle :* 1490, 1494, 1495 (2), 1496, 1499.
N°s 118, 600 (s. d.), 682, 819, 979 (s. d.), 1036, 1050, 1129.

Fyner (Conrad), *s. l. :* 1474.
N° 125.

G

Gering (Udalricus), *Paris :* 1499.
<small>Associé avec Martinus Crantz et Michael Friburger (n° 558, s. d.); — avec Bertold Rembolt en 1499 (n°s 210, 212 s. d.).</small>
N°s 210, 212 (s. d.), 558 (s. l. n. d.), 1104 (s. d.).

Gerlier (Durandus), *Paris :* 1498, 1500 (2).
<small>Associé avec Félix Baligault en 1500 (n° 1290).</small>
N°s 632, 1289, 1290.

Gibolet (Claudius), *Lyon,* 1497.
N° 1233.

Girardenghus (Franciscus), *Pavie :* 1489, 1498.
<small>Associé avec Johannes Antonius de Birreta en 1489 (n° 54).</small>
N°s 54, 1216.

Girardenghus (Nicolaus), *Venise :* 1481.
N° 399.

Girardenghus (Nicolaus), *Pavie :* 1483 (2).
N°s 735, 1067.

Giunta (Lucas Antonius), *Venise,* 1500.
N° 1325.

Gran (Henricus), *Haguenau :* 1497 (4), 1498 (2), 1499, 1500 (5).
N°s 808, 885, 886, 887, 1068, 1069, 1070, 1071, 1219, 1220, 1370, 1371.

Grassis (Gabriel de) de Papia, *Venise :* 1485.
N° 72.

Gregoriis (Johannes et Gregorius de) de Forlivio, fratres, *Venise :* 1485, 1490, 1492, 1495, 1497, 1498.
N°s 269, 439, 639, 771, 859, 1295.

Gruninger (Johannes), *Strasbourg :* 1480, 1484 (3), 1490 (2), 1496 (2), 1497 (2), 1498, 1499.
N°s 107, 108, 390, 511, 673, 790, 833, 880, 1198, 1199, 1232, 1234, 1375 (s. d.).

Gryff (Michael), *Reutlingen :* 1486, 1488, 1494.
N°s 43 (s. d.), 194, 461, 1243.

Guldenschaff (Johannes), *Cologne :* 1477.
N° 36.

Guzago (Antonius de) Brixiensis, *Venise :* 1498.
N° 1024.

H

Haerlem (Henricus de), *Bologne :* 1482, 1485 (2).
<small>Associé avec Johannes de Nordlingen en 1482 (n° 1379); — avec Martinus Crescentinus en 1485 (n° 1037).</small>
N°s 1034, 1037, 1379.

Hailbrunn (Franciscus Renner de), *Venise :* 1477, 1478 (2).
<small>Associé avec Petrus de Bartua.</small>
N°s 132, 133, 228.

Hamman (Johannes) de Landoia, *Venise :* 1491, 1492, 1496.
N°s 67, 690, 1139.

Hectoris (Benedictus), *Bologne :* 1494, 1495, 1496.
N°s 143, 492, 1097.

Heerstraten (Ægidius van der), *Louvain :* 1487, 1488.
N°s 66, 980 (s. l.).

Herbort (Johannes) de Seligenstadt, *Padoue :* 1479, 1480.
N°s 575, 1001.

Herbort (Johannes) de Seligenstadt, *Venise :* 1483, 1484.
N°s 313, 314.

Heremitæ B. Augustini. — *Voir* Fratres ordinis Heremitarum B. Augustini.

Higman (Johannes), *Paris :* 1496-97, 1498 (2), 1500.
<small>Associé avec Wolfgang Hopyl en 1496-1497 (n° 176), en 1498 (n°s 550, 1122), en 1500 (n° 595).</small>
N°s 176, 550, 595, 1122.

Hist (Conrad), *Spire :* 1496 (2).
N°s 195, 340 (s. d.), 542 (s. l.).

Hochfeder (Caspar), *Nuremberg :* 1491.
N° 88.

Hopyl (Wolfgang), *Paris :* 1489, 1490 (2), 1494 (2), 1496-97, 1498, 1500.
<small>Associé avec Johannes Higman en 1496-97 (n° 176), en 1498 (n°s 550, 1122), en 1500 (n° 595).</small>
N°s 176, 404, 550, 595, 931, 1056, 1122, 1156.

Hungarus ou Ungarus (Petrus), *Lyon,* 1482 (2), 1496.
N°s 256, 846, 1332.

Hupfuff (Mathias), *Strasbourg :* 1496, 1499.
N°s 386, 1261.

Husner (G.), *Strasbourg :* 1476 (2), 1498.
N°ˢ 800, 1010, 1247.

Huss (Mathias), *Lyon :* 1490.
N° 1226.

I

Imprimeur à l'℞ bizarre, *s. l. :* 1464.
N°ˢ 564, 937 (s. d.), 992 (s. d.), 1179 (s. d.).

J

Jaumar (Claudius), *Paris,* 1494.
N° 1178.

Jehannot (Stephanus), *Paris :* 1495.
N° 1138.

Jenson (Nicolaus) Gallicus, *Venise :* 1475, 1479 (2), 1480 (2), 1481 (2).
Associé avec Johannes de Colonia en 1481 (nºˢ 148, 557).
N°ˢ 103, 124, 148, 216, 557, 686, 944.

Johannis (Bonifacius), *s. l. :* 1494.
Associé avec Perrinus Lathomi et Johannes de Villa-Veteri.
N° 574.

K

Kaestlin (Hermann), *Augsbourg :* 1484.
N° 1364.

Kefer (Henricus), *Nuremberg :* 1473.
Associé avec Johannes Sensenschmid.
N° 1101.

Keller (Amb.), *Augsbourg :* s. d.
N° 165.

Kerver (Thielmann), *Paris :* 1499.
N° 241.

Kessler (Nicolaus), *Bâle :* 1480, 1482, 1486 (5), 1487 (5), 1488 (2), 1489 (3), 1490 (2), 1491 (2), 1492, 1493, 1495 (2), 1497, 1498, 1500.
N°ˢ 74, 91, 226, 247, 283, 289, 316, 321, 443, 651, 719, 747, 769, 770, 785, 830, 891, 893, 894, 895, 896, 897, 973, 974, 1095, 1248, 1333, 1353.

Kilchen (Jacobus), *Bâle :* 1478, 1488.
Associé avec Michael Wensslcr en 1478 (n° 396) et en 1488 (n° 666).
N°ˢ 396, 666.

Kistler (Bartholomœus), *Strasbourg :* 1497, 1500.
N°ˢ 507, 871, 1202 (s. d.).

Knoblochzer (Henricus), *Heidelberg :* 1489.
N° 704.

Knoblochzer (Henricus), *Strasbourg :* 1482, 1483 (2).
N°ˢ 630, 647 (s. d.), 1038, 1230.

Koberger (Antonius), *Nuremberg :* 1474, 1475, 1478 (2), 1479 (2), 1481 (8), 1482 (6), 1483, (5), 1484, 1485 (4), 1486 (5), 1487 (3), 1488 (4), 1489, 1492, 1493 (4), 1495, 1496 (6), 1497, 1499, 1500.

N°ˢ 7, 8, 9, 53, 68, 90, 102, 116, 130, 191, 230, 257, 260, 280, 281, 307, 325, 326, 328, 332, 355, 372 (s. d.), 378, 457, 494, 520, 556, 560, 576, 672, 677, 687, 698, 718, 745, 755, 764, 775, 814, 840, 842, 844, 909, 972, 1013, 1060, 1103, 1107, 1159, 1168, 1169, 1191, 1196, 1281, 1298, 1314, 1340, 1345, 1348.

Kœbel (Jacobus), *Oppenheim :* s. d.
N° 246.

Kœlhoff (Johannes), *Cologne :* 1476, 1478, 1482, 1483, 1485, 1486, 1487 (2), 1488 (2), 1490 (3), 1494.
N°ˢ 126, 145, 274, 363, 422 (s. l.), 467, 648, 665, 728, 861, 862, 1025, 1277, 1285, 1355.

Kolligker (Petrus), *Bâle :* 1484.
N° 397.

Kunne (Albertus), *Memmingen :* 1483 (2), 1486, 1492.
N°ˢ 93, 121, 625, 924.

L

Lambillon (Antonius), *s. l. :* 1492.
N° 1322.

Landsberg (Martinus) Herbipolensis, *Leipzig :* s. d.
N° 903.

Lapis (Dominicus de), *Bologne :* 1481.
N° 4.

Lathomi (Perrinus), *s. l. :* 1494.
Associé avec Bonifacius Johannis et Johannes de Villa-Veteri.
N° 574.

Lauffen (Helyas de), *Beromunster :* 1472.
N° 1150.

Lavagna (Philippus), *Milan :* 1489-90.
N° 244.

Leeu (Gerardus), *Anvers :* 1479.
N° 44.

Leoviller (Johannes) de Hallis, *Venise :* 1487.
N° 76.
Imprimait pour Octavianus Scot.

Lerouge (Pierre). — *Voir* Rubeus (Petrus).

Leucho (Jacobus de). — *Voir* Pincius.

Levet (Petrus), *Paris :* 1488, 1489.
N°ˢ 402, 993.

Lichtenstein (Hermannus), *Vicence :* 1480.
N° 1244.

Lichtenstein (Hermannus), *Venise* : 1490 (2), 1494 (2), 1497.
Nos 146, 154, 236, 1315, 1317 *bis*.

Lisa (Gerardus de) de Flandria, *Frioul* (Civitas Austriæ) : 1480.
No 1108.

Locatellus (Bonetus), *Venise* : 1486, 1487 (2), 1488, 1491, 1492 (2), 1493 (5), 1494, 1496, 1497 (2), 1498 (2), 1500.
Imprimait pour le compte d'Octavianus Scot en 1486 (no 217), en 1491 (no 78), en 1493 (no 129), en 1496 (no 412), en 1498 (no 144), et s. d. (no 149).
Nos 73, 78, 129, 144, 149, 155, 217, 412, 563, 734, 777, 855, 926, 928, 1042, 1088 (s. l.), 1128, 1215, 1284.

Loslein (Petrus), *Venise* : 1483.
No 817.

Lotter (Melchior), *Leipzig* : 1499.
No 667.

Luere (Simon de), *Venise* : 1491, 1497, 1498, 1499 (2), 1500 (2).
Associé avec Bernardinus de Choris en 1491 (no 1110); imprimait pour Andreas Torresanus de Asula en 1500 (no 413).
Nos 48, 413, 966, 998, 1032, 1110, 1368.

Luna (Otinus de) Papiensis, *Venise*: 1497 (2), 1500.
Nos 50, 619, 1147.

M

Madiis (Franciscus de), *Venise* : 1489.
Associé avec Baptista de Tortis.
No 689.

Manstener, *Paris* : 1497.
Associé avec Johan Philippe et Geoffroy de Marnef.
No 392.

Manthen (Johannes) de Gheretzem, *Venise* : 1474, 1477 (2), 1478, 1479, 1480.
Associé avec Johannes de Colonia.
Nos 16, 110, 111, 150, 184 (s. d.), 555, 670.

Manutius (Aldus), *Venise* : 1495, 1497, 1498 (2), 1499.
Nos 164, 823, 1079, 1120, 1240.

Marchand (Guy). — *Voir* Mercator (Guido).

Mareschal (Pierre), *Lyon* : 1497.
Associé avec Barnabé Chaussard.
No 644.

Marnef (de), *Paris* : s. d.
No 1300.

Marnef (Geoffroy de), *Paris* : 1497.
Associé avec Johan Philippe et Manstener.
No 392.

Mediolano (Damianus de), *Venise* : 1493.
No 739.

Mentelin (Johannes), *Strasbourg* : 1473-76.
No 1319.

Mercator (Guido), *Paris* : 1494, 1495, 1496 (2), 1498, 1499 (2), 1500.
Associé avec Johannes Parvus en 1496 (no 83).
Nos 65, 83, 385, 506, 522, 596, 912, 1157.

Meynberger (Fredericus), *Tubingue* : 1499.
No 339.

Misch (Friedrich), *Heidelberg* : 1488.
No 929.

Miscominus (Antonius), *Florence* : 1491, 1493.
Nos 620, 1121.

Mittelhus (Georgius), *Paris* : 1489 (2).
Nos 64, 527 (s. d.), 725.

Montalli (Johannes Antonius de), *Parme* : 1482.
Associé avec Damianus de Moyllis.
No 1035.

Monteferrato (Manfredus de). — *Voir* Bonellis.

Moretus (Antonius), *Venise* : s. d.
No 1113.

Moyllis (Damianus de), *Parme* : 1482.
Associé avec Antonius de Montalli.
No 1035.

N

Neumeister (Johannes), *s. l.* : 1479.
No 1273 (s. l.).

Nordlingen (Johannes de), *Bologne* : 1482.
Associé avec Henricus de Haerlem.
No 1379.

Novaria (Bernardinus Riccius de), *Venise*. 1484.
Associé avec Bernardinus Cellerius.
No 484.

Novimagio (Raynaldus de), *Venise* : 1477, 1479, 1486.
Associé avec Theodorus de Reynsburch en 1477 (no 371).
Nos 371, 767, 978.

O

Olpe (Johannes Bergmann de), *Bâle* : 1494, 1495, 1496, 1497 (2), 1498 (3), 1499 (2).
Nos 243, 277, 387, 388, 391, 393, 792, 884, 1146, 1373.

Olpe (Petrus de), *Cologne* : 1470.
No 423.

Orlandis (Bastianus et Raphael de), *Pescia* : 1490.
No 1152.

Otmar (Johannes), *Reutlingen* : 1483, 1485, 1486 (2), 1488, 1489, 1492 (2), 1495.
<small>N°⁵ 338, 462, 536, 538, 591, 778, 783, 875, 1352.</small>

Otmar (Johannes), *Tubingue* : 1498 (2), 1499, 1500.
<small>N°ˢ 342, 727, 1064, 1222.</small>

P

Pachel (Leonardus), *Milan* : 1481.
<small>Associé avec Udalricus Scinzenzeler.
N° 987.</small>

Paffroet (Richardus), *Deventer* : 1494, 1499.
<small>N°ˢ 21, 1211.</small>

Paganinis (Paganinus de), *Venise* : 1490, 1499 (2).
<small>N°ˢ 69, 501, 1161.</small>

Parvus (Johannes), *Paris* : 1496, 1497, 1500 (3).
<small>Associé avec Guido Mercator en 1496 (n° 83); — avec Johannes Alexander et Andreas Bocard en 1497 (n° 1161); — avec Félix Baligault en 1500 (n° 594).
N°ˢ 83, 175, 594, 975, 1016 (s. d.), 1164.</small>

Pasqualibus (Peregrinus de) de Bononia, *Venise* : 1485, 1486, 1492.
<small>Associé avec Dionysius Bertochus en 1485 (n° 809, s. l.); — avec Dominicus de Bertochis en 1486 (n° 1049).
N°ˢ 5, 809 (s. l.), 1049.</small>

Pensis (Christophorus de) de Mandella, *Venise* : s. d.
<small>N° 1167.</small>

Petit (Jean). — *Voir* Parvus (Johannes).

Petri (Johannes) de Langendorff, *Bâle* : 1496, 1499.
<small>Associé avec Johannes Froben en 1496 (n° 521) et en 1499 (n° 640).
N°ˢ 521, 640.</small>

Pforzen (Jacobus de), *Bâle* : 1498 (2).
<small>N°ˢ 599, 939.</small>

Philippe (Gaspard), *Paris* : s. d.
<small>N°ˢ 1236 (s. d.), 1286 (s. d.).</small>

Philippe (Jehan) *ou* Philippi (Joh.), *Paris* : 1497, 1499.
<small>Associé avec Maustener et G. de Marnef en 1497 (n° 392).
N°ˢ 392, 941.</small>

Philippi (Nicolaus) de Bensheim, *Lyon* : 1480, 1488.
<small>Associé avec Marcus Reinhard en 1480 (n° 255).
N°ˢ 255, 1265 (s. d.), 1302.</small>

Pigouchet (Philippe), *Paris* : 1495.
<small>N° 788.</small>

Pincius (Jacobus) de Leucho, *Venise* : 1496.
<small>N° 1369.</small>

Pincius (Philippus), *Venise* : 1492, 1493, 1494, 1496 (4), 1500 (2).
<small>N°ˢ 139, 237, 551, 637, 1023, 1053, 1076, 1092, 1287.</small>

Piscator (Kilianus), *Fribourg* : s. d.
<small>N° 373.</small>

Pivard (Johannes), *Lyon* : 1497, 1499.
<small>Associé avec Franciscus Fradin en 1497 (n° 323).
N°ˢ 323, 898 (s. l.).</small>

Pruss (Johannes), *Strasbourg* : 1486, 1487, 1488 (3), 1490.
<small>N°ˢ 85, 272, 608, 627, 762, 964.</small>

Puzbach (Paulus Johannes de), *Mantoue* : 1481.
<small>N° 920.</small>

Q

Quarengis (Petrus Johannes de), *Venise* : 1495.
<small>N° 1082.</small>

Quentell (Henricus), *Cologne* : 1480 (3), 1481 (2), 1489, 1491, 1492, 1493, 1495 (2), 1497 (3), 1498, 1499 (3), 1500.
<small>N°ˢ 20 (s. d.), 40, 127, 140, 142, 147, 278, 357, 460, 598 (s. d.), 605, 709, 868, 1135, 1136, 1241, 1274, 1306, 1307, 1311, 1312.</small>

R

Ragazonibus (Theodorus de) de Asula, *Venise* : 1490 (2), 1491 (3), 1495.
<small>N°ˢ 134, 137, 906, 1052, 1202, 1231.</small>

Ratdolt (Erhardus), *Venise* : 1477, 1482, 1484.
<small>N°ˢ 549, 583, 607.</small>

Ratdolt (Erhardus), *Augsbourg* : 1488, 1489, 1491, 1493, 1499.
<small>N°ˢ 51, 52, 361, 394, 398, 463 (s. d.).</small>

Reger (Johannes), *Ulm* : 1499.
<small>N° 1212.</small>

Regnault (François), *Paris* : s. d.
<small>N° 456.</small>

Reinhard (Marcus) de Argentina, *Lyon* : 1480.
<small>Associé avec Nicolaus Philippi.
N° 255.</small>

Rembolt (Berthold) Constantiensis, *Paris* : 1497, 1499, 1500 (2).
<small>Associé avec Udalricus Gering en 1499 (n° 210) et s. d. (n° 212).
N°ˢ 59, 210, 212 (s. d.), 601, 1250.</small>

Renner (Franciscus). — *Voir* Hailbrunn (Franc. de).

Reuwich (Erhard), *Mayence* : 1486.
N° 401.

Reynsburch (Theodorus de), *Venise* : 1477.
Associé avec Reynaldus de Novimagio.
N° 371.

Riccius (Bernardinus). — *Voir* Novaria.

Richel (Bernardus), *Bâle* : 1475, 1476, 1478, 1479, 1481, 1482.
N°⁸ 282, 435, 609, 669, 797, 1207.

Riederer (F.), *Fribourg* : 1493, 1495, 1499.
N°⁸ 881, 1021, 1140.

Roccociolus (Dominicus), *Modène* : 1498.
. N° 344.

Rubeus (Johannes) Vercellensis, *Trévise* : 1485.
N° 876.

Rubeus (Johannes) Vercellensis, *Venise* : 1493, 1494 (2), 1497.
N°⁸ 284, 878, 1213 (s. l.), 1214.

Rubeus (Petrus), *Paris* : 1487.
N° 1026.

S

Salodio (Maphæus de), *Venise* : 1481, 1482 (3).
Associé avec Bartholomæus de Alexandria et Andreas Torresanus de Asula, en 1481 (n° 229), en 1482 (n°⁸ 379, 501, 688).
N°⁸ 220, 379, 504, 688.

Sanctis (Hieronymus de), *Venise* : 1488.
Associé avec Johannes Santritter.
N° 635.

Santritter (Johannes), *Venise* : 1488, 1489.
Associé avec Hieronymus de Sanctis en 1488 (n° 635).
N°⁸ 582, 635.

Saracenus (Marinus), *Venise* : 1487.
N° 475.

Schalvicola (Marcus), *Venise* : 1480.
Associé avec Antonius de Strata.
N° 1347.

Schœnsperger (Johannes), *Augsbourg* : 1487, 1488, 1490.
N°⁸ 337, 794, 795.

Schoiffer (Petrus), *Mayence* : 1473, 1474, 1475, 1478.
N°⁸ 218, 287, 763, 1266.

Schott (Johannes), *Strasbourg* : 1500.
N° 1162.

Schott (Martinus), *Strasbourg* : 1490, 1493, 1498.
N°⁸ 223, 1020, 1171.

Schurer (Mathias) Sletstatinus, *Strasbourg* : 1488-1502.
N° 649.

Schussler (Johannes), *Augsbourg* : 1472 (2).
N°⁸ 454, 1229.

Scinzenzeler (Uldericus), *Milan* : 1481, 1498.
Associé avec Leonardus Pachel en 1481 (n° 987).
N°⁸ 113, 874 (s. d.), 987.

Scot (Octavianus), *Venise* : 1483 (2), 1486, 1487, 1491, 1493 (2), 1496, 1497, 1498, 1499.
Faisait imprimer par Johannes Leoviller de Hallis en 1487 (n° 76); — par Bonetus Locatellus en 1486, 1491, 1493, 1496, 1498 (n°⁸ 217, 78, 129, 412, 141) et s. d. (n° 149).
N°⁸ 76, 78, 129, 144, 149, 217, 412, 430, 1039, 1066, 1131.

Sensenschmidt (Johannes), *Nuremberg* : 1473.
Associé avec Henricus Kefer.
N° 1101.

Sessa (Baptista), *Venise* : 1499.
N° 1288.

Silber (Eucharius), alias Franck, *Rome* : 1495.
N° 426.

Sociis (Andreas de) ou de Zophis, Parmensis, *Venise* : 1485 (2).
N°⁸ 265, 638.

Sorg (Antonius), *Augsbourg* : 1476, 1487, 1489, 1490.
N°⁸ 71, 444, 867, 1018 (s. d.), 1153.

Sortense Monasterium (Schussenried), 1478.
N° 158.

Spira (Johannes Emericus de), *Venise* : 1494.
N° 84.

Stagninus (Bernardinus) de Tridino, *Venise* : 1486, 1489, 1492 (3), 1493 (2), 1494, 1495.
N°⁸ 138, 166, 170, 264, 266, 267, 268, 851, 853.

Strata (Antonius de), *Venise* : 1480, 1486, 1488, 1489, 1495.
Associé avec Marcus Schalvicola en 1480 (n° 1347).
N°⁸ 56, 131, 141, 479, 1347.

Stuchs (Georgius), *Nuremberg* : 1488, 1489.
N°⁸ 701, 1299.

Suigus (Jacobinus), s. l. : 1497.
Associé avec Nicolaus de Benedictis.
N° 477.

Syber (Johannes), *Lyon* : s. d.
N° 333 (s. d.).

T

Tacuinus (Johannes) de Cereto, *Venise* : 1494, 1495, 1496 (2).
N°⁸ 636, 1040, 1078, 1245.

Terhoernen (Arnoldus), *Cologne* : 1478 (2).
N°⁸ 554, 1292.

Thanner (Jacobus), *Leipzig* : 1500.
N°⁸ 529, 628 (s. d.).

Torresanus (Andreas) de Asula, *Venise :* 1481, 1482 (3), 1483, 1485, 1488, 1490, 1491, 1495 (2), 1500 (2).

Associé avec Bartholomæus de Alexandria et Maphæus de Salodio en 1481 (n° 229); en 1482 (n°s 379, 501, 688); — avec Bartholomæus Alexandrinus en 1485 (n° 478).
Faisait imprimer par Simon de Luere en 1500 (n° 413).

Nos 229, 239, 263, 379, 413, 437, 478, 504, 548, 562, 688, 849, 1235.

Tortis (Baptista de), *Venise :* 1484 (2), 1489, 1493, 1494, 1497, 1500.

Associé avec Franciscus de Madiis en 1489 (n° 689).

Nos 238, 505, 689, 692, 838, 845, 1047.

Trechsel (Johannes), *Lyon :* 1489, 1491, 1492, 1494, 1495, 1496, 1497.

Nos 202, 300, 1029, 1275, 1301, 1366, 1367.

Tridino (Bernardinus de). — *Voir* Stagninus.

Tridino (Guillelmus de), *Venise :* 1490, 1491.
Nos 476, 1282.

Tyela (Jacobus de), *Plaisance :* 1483.
N° 768.

U

Ungarus (Petrus), *Lyon*. — *Voir* Hungarus.

V

Valdarfer (Christophorus), *Milan :* 1488.
N° 156.

Varisio (Johannes Aloysius de), *Venise :* 1498, 1499.
Nos 780, 1112.

Venetus (Bernardinus), *Venise :* 1495, 1498.
Nos 112 (s. d.), 232, 1098.

Venetus (Laurentius), *Florence :* s. d.
N° 1109.

Venetus (Lucas), Dominici filius, *Venise :* 1482 (2).
Nos 6, 1130.

Venetus (Philippus), *Venise :* 1482.
N° 160.

Verard (Antoine), *Paris :* 1493, 1494.
Nos 351, 1043.

Vercellensis (Bernardinus), *Venise :* s. d.
N° 425.

Vercellensis (Johan.). — *Voir* Rubeus (Joh.

Villa Veteri (Johannes de), *s. l. :* 1494.

Associé avec Perrinus Lathomi et Bonifacius Johannis.

N° 574.

Vingle (Johannes de) Picardus, *Lyon :* 1488, 1499.

Nos 515, 611.

Vurster (Johannes), *Mantoue :* s. d.
Associé avec Johannes Baumeister.
N° 174.

W

W. (C.), *Strasbourg :* 1474.
N° 279.

Wenssler (Michael), *Bâle :* 1478 (2), 1479 (3), 1480, 1481, 1486, 1488 (2), 1491.

Associé avec Johannes Kilchen en 1478 (n° 396) et en 1488 (n° 666).

Nos 178, 219, 396, 449, 458, 552, 666, 671, 674, 838, 847.

Wild (Leonardus), *Venise :* 1481.
N° 104.

Winterburg (Johannes de), *Vienne :* 1497.
N° 114.

Wolf (Nicolaus), *Lyon :* 1498, 1499 (2), 1500.
Nos 60 (s. l.), 791 (s. l.), 856, 1081.

Wolff (Georgius), *Paris :* 1498.
Nos 452 (s. l. n. d.), 483.

Z

Zainer (Gunther), *Augsbourg :* 1477.
N° 732.

Zainer (Johannes), *Ulm :* 1473, 1475 (3), 1476, 1480 (3), 1481, 1487.

Nos 31 (s. d.), 33, 42 (s. d.), 49, 309, 367, 569, 811, 829, 1009 (s. d.), 1015 (s. d.), 1133, 1134, 1280, 1359 (s. d.), 1360 (s. d.).

Zanis (Bartholomæus de), *Venise :* 1490, 1492, 1494, 1496.
Nos 480, 482, 877, 1323.

Zarotus (Antonius), *Milan :* 1479.
N° 626.

Zophis (Andreas de) Parmensis. — *Voir* Sociis (de).

II. — LISTE ALPHABÉTIQUE

DES NOMS DES VILLES

Avec l'indication des imprimeurs et les dates extrêmes des publications à leur nom.

ANVERS

Leeü (Ger.), 1479.

AUGSBOURG

Kaestlin (Herm.), 1484.
Keller (Amb.), s. d.
Ratdolt (Erh.), 1488-1499.
Schœnsperger (Joh.!), 1487-1490.
Schussler (Joh.), 1472.
Sorg (Ant.), 1476-1490.
Zainer (Gunth.), 1477.

S. typ. : année 1473 (n° 75).
S. d. n. typ. : n° 335.

BALE

Amerbach (Joh. de), 1481-1500.
Froben (Joh.), 1491-1500.
Fromolt (Eb.), 1481.
Furter (M.), 1490-1499.
Kessler (Nic.), 1480-1500.
Kilchen (Jac.), 1478-1488.
Kolligker (P.), 1484.
Olpe (Joh. Bergmann de), 1494-1499.
Petri (Joh.), 1496-1499.
Pfortzen (Jac. de), 1498.
Richel (Bern.), 1475-1482.
Wenssler (Mich.), 1478-1491.

S. typ. : années 1477 (n° 1044); 1478 (n° 1329); 1480 (n° 1045); 1481 (n°s 1011, 1330); 1482 (n°s 744, 1331); 1485 (n°s 128, 450, 1189); 1486 (n° 513); 1487 (n° 1334); 1489 (n°s 781, 1124, 1297); 1490 (n° 1356); 1491 (n°s 722, 1357); 1494 (n° 293); 1496 (n°s 678, 685).

BEROMUNSTER

Lauffen (Hel. de), 1472.

BOLOGNE

Azzoguidus (Balth.), 1475.
Benedictis (Plato de), 1491.
Crescentinus (Matth.), 1482.
Haerlem (H. de), 1482-1485.
Hectoris (Ben.), 1494-1496.
Lapis (Dom. de), 1481.
Nordlingen (Joh. de), 1482.

BRESCIA

Boninis (Boninus de) de Ragusia, 1488.
Britannicis (Ang. et Jac. de), 1494.

BURGDORF

S. typ. : année 1475 (n° 822).

COLOGNE

Guldenschaff (Joh.), 1477.
Kœlhoff (Joh.), 1476-1494.
Olpe (P. de), 1470.
Quentell (H.), 1480-1500.
Terhœrnen (A.), 1478.

S. typ. : années 1485 (n°s 55, 613); 1487 (n°s 614, 910, 1335); 1489 (n° 779); 1490 (n° 486); 1491 (n° 172); 1492 (n°s 87, 752); 1493 (n° 780); 1497 (n° 23).

DEVENTER

Breda (Jac. de), 1491-1498.
Paffroet (R.), 1494-1499.

FERRARE

Belfortis (Andr.), 1489.

FLORENCE

Miscominus (Ant.), 1491-1493.
Venetus (Laur.), s. d.

S. typ. : année 1496 (n° 1326).

FRIBOURG

Piscator (Kilianus), s. d.
Riederer (F.), 1493-1499.

S. typ. : année 1494 (n°s 222, 1227).

FRIOUL

Lisa (Ger. de) de Flandria, 1480.

HAGUENAU

Gran (H.), 1497-1500.

S. typ. : années 1491 (n° 354), 1496 (n° 756).

HEIDELBERG

Knoblochzer (H.), 1489.
Misch (Fr.), 1488.

S. typ. : années 1485 (n° 801), 1489 (n° 827).

INGOLSTADT

S. d. n. typ. : n° 882.

LEIPZIG

Colonia (Arn. de), 1493.
Landsberg (M.) Herbipolensis, s. d.

Lotter (Melch.), 1499.
Thanner (Jac.). 1500.

LOUVAIN
Heerstraten (Ægid. van der), 1487-1488.

LUBECK
S. typ. : année 1476 (n° 828).

LYON
Balsarin (Guill.), 1486-1498.
Chaussard (Barn.), 1497.
Clein (Joh.), 1500.
David (Hem.), 1495.
Fradin (Fr.), 1497.
Gibolet (Cl.), 1497.
Hungarus (P.), 1482-1496.
Huss (Math.), 1490.
Mareschal (P.), 1497.
Philippi (Nic.), 1480-1488.
Pivard (Joh.), 1497-1499.
Reinhard (M.), 1480.
Syber (Joh.), s. d.
Trechsel (Joh.), 1489-1497.
Vingle (Joh. de), 1488-1499.
Wolf (Nic.), 1498-1500.
S. typ. : année 1497 (n° 499).

MANTOUE
Baumeister (Joh.), s. d.
Puzbach (P. Joh. de), 1481.
Vurster (Joh.), s. d.

MAYENCE
Friedberg (P. de), 1493-1498.
Reuwich (Erh.), 1486.
Schoiffer (P.), 1473-1478.

MEMMINGEN
Kunne (Alb.), 1483-1492.

MILAN
Lavagna (Ph.), 1489-1490.
Pachel (Léon), 1481.
Scinzenzeler (Uld.), 1481-1498.
Valdarfer (Chr.), 1488.
Zarotus (Ant.), 1479.
S. typ. : années 1472 (n° 645), 1481 (n° 451).

MODÈNE
Roccociolus (Dom.), 1498.

NAPLES
S. d. n. typ. : n° 1217.

NUREMBERG
Creussner (Fr.), 1477.
Fratres ordinis Heremitarum B. Augustini, 1479.
Hochfeder (Casp.), 1491.
Kefer (H.), 1473.

Koberger (Ant.), 1474-1500.
Sensenschmidt (Joh.), 1473.
Stuchs (G.), 1488-1489.
S. typ. : années 1492 (n° 750), 1494 (n° 753).
S. d. n. typ. : n° 86.

OPPENHEIM
Kœbel (Jac.), s. d.
S. d. n. typ. : n°s 621, 1119.

PADOUE
Basilea (Leon. de), 1473.
Herbort (Joh.), 1479-1480.
S. typ. : année 1486 (n° 641).

PARIS
Alexander (Joh.), 1497.
Aliate (Al.), s. d.
Baligault (Fel.), 1492-1500.
Bocard (Andr.), 1497-1500.
Bosco (Guill. de), 1494.
Caillaut (Ant.), s. d.
Crantz (Mart.), s. d.
Denidel (Ant.), 1499.
Friburger (Mich.), s. d.
Gering (Ulr.), 1499.
Gerlier (Dur.), 1498-1500.
Higman (Joh.), 1496-1500.
Hopyl (Wolfg.), 1489-1500.
Jaumar (Cl.), 1494.
Jehannot (St.), 1495.
Kerver (Thiel.), 1499.
Levet (P.), 1488-1489.
Manstener, 1497.
Marnef (de), s. d.
Marnef (G. de), 1497.
Mercator (Guido), 1494-1500.
Mittelhus (G.), 1489.
Parvus (Joh.), 1496-1500,
Philippe (Gaspard), s. d.
Philippe (Jehan) ou Philippi (Joh.), 1497-1499.
Pigouchet (Ph.), 1495.
Regnault (Fr.), s. d.
Rembolt (B.), 1497-1500.
Rubeus (P.), 1487.
Verard (Ant.), 1493-1494.
Wolff (G.), 1498.
S. typ. : année 1488 (n° 1030), in clauso Brunelli.

PARME
Montalli (Ant. de), 1482.
Moyllis (Dom. de), 1482.
S. typ. : année 1481 (n° 925).

PAVIE
Birreta (Joh. Ant. de), 1489.
Carchano (Ant. de), 1478-1407.
Girardenghus (Fr.), 1489-1498.
Girardenghus (Nic.), 1483.

PESCIA
Orlandis (Bast. et Raph. de), 1490.
PLAISANCE
Tyela (Jac. de), 1483.
REGGIO (D'ÉMILIE)
Bertochus (Dion.), 1496-1497.
S. typ. : année 1481 (n° 349).
REUTLINGEN
Gryff (Mich.), 1486-1494.
Otmar (Joh.), 1483-1495.
S. typ. : années 1484 (n°ˢ 368, 534), 1485 (n° 369), 1488 (n° 729).
ROME
Cinquinis (Fr. de), 1479.
Silber (Euch.), 1495.
SORTENSE MONASTERIUM (Schussenried)
S. typ. : 1478.
SPIRE
Drach (P.), 1477-1500.
Hist (C.), 1496.
S. typ. : année 1488 (n° 495).
S. d. n. typ. : n° 163.
STRASBOURG
Eggesteyn (Henricus), 1472.
Flach (Mart.), 1475-1500.
Gruninger (Joh.), 1480-1499.
Hupfuff (M.), 1496-1499.
Husner (G.), 1476-1498.
Kistler (Barth.), 1497-1500.
Knoblochzer (H.), 1482-1483.
Mentelin (Joh.), 1473-1476.
Pruss (Joh.), 1486-1490.
Schott (Joh.), 1500.
Schott (Mart.), 1490-1498.
Schurer (Math.), 1488-1502.
W. (C.), 1474.

S. typ. : années 1479 (n° 1346); 1482 (n° 1267); 1483 (n°ˢ 707, 832, 908, 1012, 1186, 1351); 1484 (n°ˢ 298, 746, 960, 1187); 1485 (n°ˢ 258, 336, 436, 459, 512, 612, 806, 1188); 1486 (n°ˢ 571, 720, 958, 1190, 1341); 1487 (n°ˢ 749, 1192, 1204, 1268); 1488 (n°ˢ 572, 721, 961, 1193, 1336); 1489 (n°ˢ 32, 633, 650, 812, 1296, 1337, 1354); 1490 (n°ˢ 61, 807); 1491 (n°ˢ 259, 359, 1027, 1338); 1492 (n°ˢ 327, 751); 1493 (n°ˢ 299, 526, 573, 615, 708); 1494 (n°ˢ 270, 389, 508, 994, 1342); 1495 (n°ˢ 365, 754, 1206); 1496 (n°ˢ 1141, 1358); 1497 (n° 873); 1498 (n°ˢ 346, 1205); 1499 (n°ˢ 514, 959, 994 bis); 1500 (n°ˢ 553, 869, 983).

S. d. n. typ. : n°ˢ 162, 466.

TRÉVISE
Colonia (Bern. de), 1477-1478.
Rubeus (Joh.), 1485.

TUBINGUE
Meynberger (Fred.), 1499.
Otmar (Joh.), 1498-1500.
S. typ. : année 1500 (n°ˢ 276, 1033).
ULM
Dinkmuth (Conr.), 1485-1488.
Reger (Joh.), 1499.
Zainer (Joh.), 1473-1487.
S. typ. : année 1490 (n° 177).
VENISE
Alexandria (Barth. de), 1481-1485.
Arnoldus (Chr.), s. d.
Arrivabene (G.), 1495-1498.
Asula (Andr. de). — Voir Torresanus.
Bactibovis (A.) Alexandrinus, 1485.
Bartua (P. de), 1477-1478.
Benalius (Bern.), 1493-1500.
Benalius (Vinc.), 1493.
Bertochis (Dom. de), 1486.
Bertochus (Dion.), 1484-1494.
Bevilaqua (S.), 1497-1499.
Bonellis (Manfr. de), 1497-1498.
Bonetis (Andreas de), 1484.
Calabriis (Andr. de), 1488-1491.
Capcasa (Matth.), 1495.
Cellerius (Bern.), 1484.
Cereto (Johannes de). — Voir Tacuinus (Joh.).
Choris (Bern. de), 1489-1492.
Colonia (Joh. de), 1474-1481.
Fontana (B.), 1499.
Franckfordia (Nic. de), 1487.
Girardenghus (Nic.), 1481.
Giunta (L. A.), 1500.
Grassis (Gabr. de) de Papia, 1485.
Gregoriis (Joh. et Greg. de), 1485-1498.
Guzago (Ant. de), 1498.
Hailbrunn (Fr. de), 1477-1478.
Hamman (Joh.), 1491-1496.
Herbort (Joh.), 1483-1484.
Jenson (Nic.), 1475-1481.
Leoviller (Joh.) de Hallis, 1487.
Lichtenstein (Herm.), 1490-1497.
Locatellus (Bon.), 1486-1500.
Loslein (P.), 1483.
Luere (S. de), 1491-1500.
Luna (Ot. de), 1497-1500.
Madiis (Fr. de), 1489.
Manthen (Joh.), 1474-1480.
Manutius (Ald.), 1495-1499.
Mediolano (Dam. de), 1493.
Moretus (Ant.), s. d.
Novaria (Bern. Riccius de), 1484.
Novimagio (Reyn. de), 1477-1486.
Paganinis (Paganinus de), 1490-1499.
Pasqualibus (Peregr. de) de Bononia, 1485-1492.
Pensis (Chr. de), s. d.
Pincius (Jac.) de Leucho, 1496.

Pincius (Ph.), 1492-1500.
Quarengis (P. Joh. de), 1495.
Ragazonibus (Th. de) de Asula, 1490-1495.
Ratdolt (Erh.), 1477-1484.
Reynsburch (Th. de), 1477.
Rubeus (Joh.), 1493-1497.
Salodio (Maph. de), 1481-1482.
Sanctis (Hier. de), 1488.
Santritter (Joh.), 1488-1489.
Saracenus (Marinus), 1487.
Schalvicola (Marcus), 1480.
Scot (Octav.), 1483-1499.
Sessa (Bapt.), 1499.
Sociis (Andr. de) ou de Zophis, 1485.
Spira (Joh. Emer. de), 1494.
Stagninus (Bern.), 1486-1495.
Strata (Ant. de), 1480-1495.
Tacuinus (Joh.) de Cereto, 1494-1496.
Torresanus (Andr.) de Asula, 1481-1500.
Tortis (Bapt. de), 1485-1500.
Tridino (Guill. de), 1490-1491.

Varisio (Joh. Aloys. de), 1498-1499.
Venetus (Bern.), 1495-1498.
Venetus, Dominici filius (Lucas), 1482.
Venetus (Ph.), 1482.
Vercellensis (Bern.), s. d.
Wild (L.), 1481.
Zanis (Barth. de), 1490-1496.

S. typ. : années 1479 (n° 136), 1481 (n° 481), 1491 (n° 491), 1494 (n° 1283), 1498 (n° 954), 1499 (n° 622), 1500 (n° 584).

S. d. n. typ. : n°s 646, 1162.

VÉRONE

Boninis (Boninus de) de Ragusia, 1483.

VICENCE

Lichtenstein (Herm.), 1480.

VIENNE (AUTRICHE)

Winterburg (Joh. de), 1497.

S. typ. : année 1500 (n° 231).

III. — LISTE DES INCUNABLES

QUI PORTENT SEULEMENT UNE DATE

Sans indication de lieu ni typographe.

Année 1470 : N° 965.
— 1472 : N° 135.
— 1474 : N°s 1102, 1317.
— 1475 : N° 81.
— 1476 : N° 117.
— 1477 : N° 2.
— 1478 : N° 730.
— 1479 : N°s 308, 570, 914.
— 1480 : N° 153.
— 1481 : N°s 310, 606, 1349.
— 1482 : N°s 311, 587, 656, 915, 976, 1083, 1350.
— 1483 : N°s 152, 312, 382, 774, 804, 1031.
— 1484 : N°s 362, 699, 736, 1365.
— 1485 : N° 405.

Année 1486 : N°s 315, 345, 585, 616, 700, 802, 948, 1125.
— 1487 : N°s 94, 986, 1063.
— 1488 : N°s 167, 1116, 1140, 1158, 1308.
— 1489 : N°s 168, 317, 318, 782.
— 1490 : N°s 366, 438, 702.
— 1491 : N°s 320, 841.
— 1492 : N°s 182, 1380.
— 1493 : N°s 592, 1309.
— 1494 : N°s 662, 864, 1148.
— 1495 : N°s 860, 1075, 1099, 1374.
— 1496 : N°s 384, 679.
— 1497 : N° 17.
— 1498 : N°s 1117, 1137.
— 1499 : N°s 341, 516.
— 1500 : N° 57.

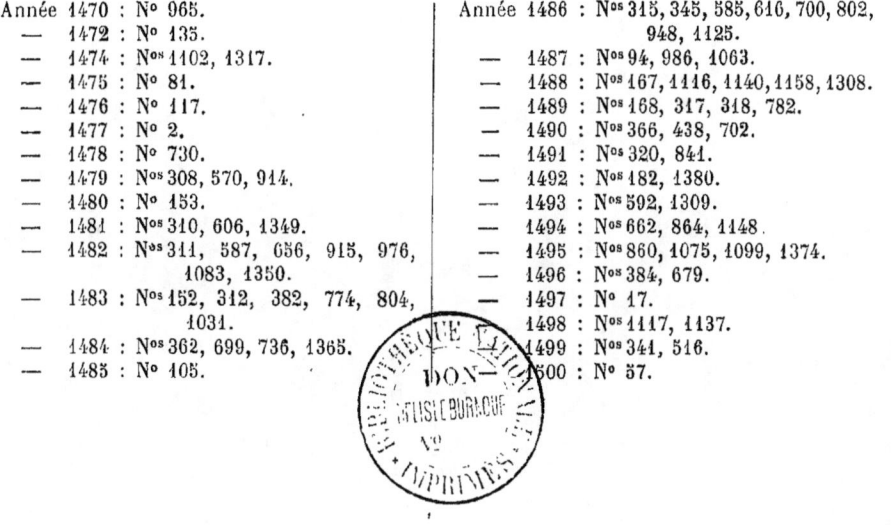

FIN

www.ingramcontent.com/pod-product-compliance
Lightning Source LLC
LaVergne TN
LVHW051456090426
835512LV00010B/2166